REALIZZAZIONE EDITORIALE A CURA DI **EDITO** Ag. ed. (VR)
Disegni: Alberto Pilotto (Ponti s/M-MN)
Fotografie: Mauro Magagna, Bruno Mastini, Marco Morbioli, Paolo Parricelli.
La fotografia di pag. 23 è dell'"ARCHIVIO I.N.F.S."

L'Autore desidera ringraziare in modo particolare il prof. PAOLO DE FRANCESCHI *del Museo di Storia Naturale di Verona e l'*ISTITUTO NAZIONALE PER LA FAUNA SELVATICA *di Ozzano Emilia.*

manuale per riconoscere e conoscere
UCCELLI IN ITALIA
in montagna, in campagna e al mare
1ª edizione agosto 1997
© DEMETRA S.r.l.
Via Strà, 167 - SS 11
37030 Colognola ai Colli (VR)
Tel. 045/6174111 - Fax 045/6174100

MARCO MORBIOLI

manuale per riconoscere e conoscere

UCCELLI IN ITALIA

in montagna, in campagna e al mare

DEMETRA

OSSERVARE GLI UCCELLI

COME COMPORTARSI

Osservando gli uccelli non sempre ci si comporta in modo corretto. Ci si inoltra negli ambienti naturali parlando a voce alta e si vestono abiti troppo colorati. Non ci rendiamo conto che, dal momento in cui si entra in un bosco o in una palude, si diventa un animale tra gli animali.

▶ In natura il rumore predominante è il silenzio e i colori hanno tutti un particolare significato. Emettere un suono è per un animale un rischio: significa correre il pericolo di svelare la propria presenza a un predatore. Un uomo che grida costituisce quindi qualcosa di anormale, spaventa. Quindi, mentre passeggiate in campagna alla ricerca di uccelli, **non parlate o perlomeno fatelo a bassa voce**. Uscendo spesso con le stesse persone poco per volta imparerete a comunicare a gesti.

▶ Una volta constatata la presenza di un uccello, **avvicinatevi compiendo piccole tappe** di pochi metri, valutando volta per volta l'opportunità di avvicinarvi maggiormente da eventuali segnali di nervosismo dell'animale. Tenete conto che minore è la distanza dall'animale e maggiore è la possibilità che all'improvviso si dia alla fuga.

Gli uccelli hanno **distanze di fuga** diverse da specie a specie. La pernice bianca, per esempio, può rimanere accovacciata e immobile anche se vi trovate a pochi centimetri. Un airone cenerino invece fuggirà vedendovi in lontananza. Questo avviene perché ciascuna specie ha sviluppato un proprio modello di difesa.

Alcuni sono basati sull'immobilità e il mimetismo del piumaggio, altri sulla capacità di fuggire velocemente alle prime avvisaglie di un pericolo, oppure all'improvviso effettuando brusche manovre.

▶ Sembra che gli uccelli percepiscano la pericolosità dell'essere che si sta avvicinando. Quindi, non rimanete eretti mostrandovi al massimo della vostra prestanza fisica.

Avanzate lentamente, **strisciando sui gomiti** se la vegetazione non vi nasconde a sufficienza. Col tempo vi renderete conto che, in questo modo, riuscirete a ridurre la distanza tra voi e l'animale.

A fronte: la pernice bianca (a terra, davanti al piede destro del fotografo) fino all'ultimo momento confida nel mimetismo del suo piumaggio.

▶ **Non concepite gli uccelli come prede** ma come "amici" che desiderate "spiare". Loro probabilmente vi hanno già visti ma fingono di non essersi accorti della vostra presenza e, mantenendovi sotto controllo, valutano la vostra pericolosità. Camuffando la vostra sagoma umana con un telo mimetico tenuto sulla testa e sulle spalle vi sarà possibile avvicinarvi maggiormente agli uccelli.

L'emissione di piccoli fischi di richiamo e la produzione di deboli rumori con le labbra (che gli inglesi chiama-

ALL'INTERNO DEL CAPANNO

Per osservare gli uccelli acquatici dalle sponde di uno specchio d'acqua o per tenere sotto controllo nidi di specie molto guardinghe (come il picchio nero o l'aquila reale) è opportuno nascondersi in un capanno. Questo va montato quando il sole ancora non è sorto. A quest'ora è anche consigliabile iniziare l'appostamento. In questo modo all'alba, quando gli uccelli inizieranno a muoversi, voi sarete già invisibili. Effettuare un appostamento spesso significa restare in una posizione scomoda per molte ore, senza potersi muovere. Prima di mettervi in postazione fate la pipì: eviterete così fughe precipitose dal nascondiglio con effetti disastrosi sul buon proseguimento della vostra attività. Una volta piazzati cercate subito la posizione più comoda per le gi-

Un telo mimetico e pochi bastoni possono bastare per montare velocemente un capanno d'osservazione.

nocchia. Mettete qualcosa di soffice e di un certo spessore sotto il sedere ed estraete subito dallo zaino tutte le cose che vi possono servire, tenendole a portata di mano. Dovete evitare il più possibile di fare rumore quindi eliminate dal fondo i rami secchi che i vostri piedi potrebbero spezzare. Cibo e bibite devono essere contenuti in involucri che non producono rumore. Evitate quindi bottiglie di spumante e sacchetti di patatine. Se siete appostati vicino a un nido e vi accorgete che i padroni di casa, dopo avere notato la vostra presenza, fuggono per poi tornare più volte dando forti segnali di nervosismo, è opportuno che vi allontaniate definitivamente. In caso contrario potreste mettere

in grave rischio il successo della riproduzione di quella coppia. I pulcini resterebbero per troppo tempo senza cibo e senza il calore del corpo dei genitori. Inoltre, se state raccogliendo dati sul comportamento riproduttivo di quella specie ricavereste informazioni falsate dal disturbo che state arrecando.

no *pishing*) può talvolta attrarre i piccoli passeriformi.

L'ABBIGLIAMENTO

Per osservare gli uccelli in natura, senza farli fuggire quando ancora siete molto lontani, dovete evitare di vestirvi con colori sgargianti.
Indossate abiti di colore rigorosamente **verde**, e preferibilmente tutti della stessa tonalità.
Evitate quelli di colore verde maculato: la **tinta omogenea** è meno visibile quando si effettuano piccoli movimenti.
Cercate, per quanto possibile, di indossare indumenti di una tinta che si fonda con il colore di fondo dell'ambiente che frequentate.

COME VESTIRSI PER ANDARE IN MONTAGNA E IN COLLINA

Il tempo, soprattutto in estate, è abbastanza imprevedibile. Nel giro di poche ore una giornata splendida può trasformarsi in un inferno di pioggia e fulmini e la temperatura può calare notevolmente.
Se sapete che nella zona che visiterete non vi sono sorgenti di acqua potabile – e questa, purtroppo, al giorno d'oggi è la regola – dovete portare con voi una borraccia che ne contenga almeno un litro. L'acqua è il liquido più dissetante, e può servire anche a lavare eventuali ferite. Tenete conto che le passeggiate lungo i fiumi fanno accrescere psicologicamente il bisogno di bere. Portate nello zaino: biancheria di ricambio, una tuta leggera per sostituire eventualmente gli abiti inzuppati, un piccolo asciugamano, un poncho impermeabile – occupa pochissimo spazio e offre un valido riparo dalla pioggia.
Molto utile è anche l'acquisto di un piccolo ombrello del tipo tascabile, ovviamente verde, che oltre a proteggervi dalla pioggia può trasformarsi in un piccolo ma utile accorgimento per un appostamento.

▶ **Giaccone**
Il giaccone deve essere di cotone robusto, antistrappo. Scegliete modelli con molte tasche e chiusure a bottone o cerniera.
Evitate chiusure a velcro e tessuti impermeabili che nel silenzio della natura si rivelino troppo rumorosi.

▶ **Sotto le ascelle**

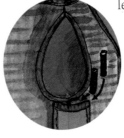

Una tasca ascellare è utile per la custodia delle batterie in inverno.

All'interno del giaccone fatevi cucire delle piccole tasche sotto le ascelle. Nel periodo invernale ci infilerete le batterie delle vostre apparecchiature che, venendo così scaldate dal vostro corpo, manterranno più a lungo la carica.

▶ Cappuccio

Il giaccone deve possedere un cappuccio staccabile che vi ripari in caso di vento forte e freddo.

▶ Camicia

Non deve mai essere molto pesante, neanche in inverno. Vestirsi a più strati con indumenti leggeri consente un isolamento migliore di quello che si ottiene indossando un unico indumento molto pesante. I frequentatori della montagna seguono questa regola.

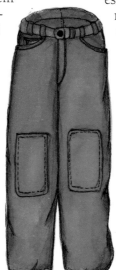

▶ Pantaloni

Per osservare gli uccelli dovrete spesso rimanere inginocchiati o seduti per lungo tempo ed è bene che i pantaloni siano più larghi di quelli che indossate normalmente. Così come gli altri indumenti, devono essere in un tessuto che non assorba facilmente (né il sudore, né l'umidità del terreno sul quale sedete) per evitare spiacevoli sensazioni durante gli ap-

postamenti. Cucite sulle ginocchia – e magari anche sul sedere – un pezzo di tela impermeabile: sarà molto utile a proteggervi per brevi stazionamenti.

▶ Cappello

Deve essere robusto, con larghe falde che riparino il viso dalla pioggia e dal riflesso del sole. In inverno, per appostamenti in condizioni climatiche rigide, è opportuno portare con sé un passamontagna di lana. Molto utili sono anche i ripara-gola in tessuto pile.

▶ Fazzoletto

Un fazzoletto di cotone al collo, naturalmente verde, vi riparerà da punture di insetti e assorbirà il sudore durante le marce impegnative.

▶ I guanti

Indispensabili d'inverno se dovete estrarre le mani dalle tasche per maneggiare oggetti. Con le temperature rigide, le attrezzature in metallo, scale o cavalletti fotografici, diventano intoccabili. Le manopole, pur essendo più scomode, sono da preferire ai guanti perché mantengono più calde le dita della mano.

▶ Scarponi

Munitevi di un paio di scarponi di buona qualità. Non risparmiate sull'acquisto di questo accessorio, i vostri piedi vi ringrazieranno. Scegliete un paio di scarponcini leggeri da trekking per l'estate e uno più pesante per l'inverno, quando il terreno può essere coperto di neve. La calzatura deve proteggere anche la caviglia, ciò vi metterà al riparo da distorsioni e da morsi di serpente.

Tenete conto che per adattare un paio di scarponi ai vostri piedi ci vorrà un po' di tempo. Quindi, prima di intraprendere lunghe marce, indossate gli scarponi nuovi per piccoli tragitti, finché non si saranno ammorbiditi.

Se dovete rimanere a lungo in palude, e le mani vi servono per impugnare il binocolo (oltre che a schiaffeggiarvi selvaggiamente per le zanzare), troverete in commercio – o potrete fabbricarvelo da soli – un cappello munito di zanzariera che ripari viso e collo dalle punture degli insetti.

COME VESTIRSI
PER VISITARE LE ZONE UMIDE

Stagni e paludi sono ambienti che mettono a dura prova chi desidera osservare la vita degli uccelli.

In estate vi fa molto caldo ed è necessario reintegrare i liquidi molto spesso. Le zanzare si accaniscono sulla pelle dei visitatori, rendendo in certe ore addirittura sconsigliabile frequentare gli acquitrini. Se non conoscete molto bene la zona che visiterete – se non sapete cioè quali sono i periodi nei quali maggiormente rischiate di tornare a casa irriconoscibili – vestitevi con indumenti che coprano tutto il corpo, mani comprese. Non affidate la vostra salvezza esclusivamente ai liquidi repellenti, poiché spesso hanno un effetto limitato nel tempo.

Ricordatevi di portare con voi anche un tubetto di pomata per calmare il prurito. Non spaventatevi per quanto è stato detto. I tramonti in palude, o in laguna, con il sole che arrossa gli esili fusti delle canne e risplende sull'acqua, accompagnati da un dolce canto d'uccelli, sono uno dei più struggenti spettacoli della natura.

► Nelle zone umide sono indispensabili gli **stivali**. Se desiderate addentrarvi nei canneti allagati o dove l'acqua è più profonda, dovrete munirvi di stivali da pescatore alti fino alla coscia. Armatevi anche di un lungo bastone che userete per saggiare il terreno mentre avanzate nelle torbide acque. Eviterete così di cadere in qualche buca o canale. Se prevedete invece di limitarvi a passeggiare sugli argini, un paio di stivali alti fino al polpaccio saranno sufficienti a proteggervi dall'umidità presente sulla vegetazione nelle prime ore del mattino, o dopo un'abbondante pioggia, evitandovi i problemi di traspirazione che provocano gli stivali lunghi.

LE ATTREZZATURE

► Il capanno
Nei negozi di articoli militari o di caccia e pesca troverete degli ottimi capanni in tela. Scegliete quelli con paletti di alluminio che sono più leggeri da trasportare. Nel posizionare il vostro capanno

tenete conto del movimento del sole. Cercate di orientare l'appostamento in modo tale da non avere i raggi solari negli occhi proprio nell'orario in cui pensate di appostarvi. Se ne avete la possibilità non smontate il capanno a fine giornata: gli uccelli si abitueranno così alla sua presenza.

► Lo sgabello
Si dimostra indispensabile quando dovete restare seduti per lungo tempo. Vi terrà al riparo dall'umidità ed eviterà l'indolenzimento delle gambe. Il sedile deve essere in materiale impermeabile.

► Il cannocchiale
È necessario per chi ama osservare uccelli che frequentano zone umide estese e aperte. Molto spesso tali specie si raggruppano a distanza di sicurezza dalla riva ma, con il cannocchiale, è possibile distinguerne le caratteristiche del piumaggio. Si dimostra inoltre utile per osservare i rapaci e altre specie che nidificano sulle pareti rocciose. È consigliato un cannocchiale da 30 ingrandimenti almeno.

giungibili. Le scale smontabili in alluminio, sono da preferire in quanto facilmente trasportabili nei boschi e sulle autovetture.

▶ La canoa

Se avete la fortuna di frequentare una zona umida molto estesa la canoa vi permetterà di vederla da un'altra angolazione. Potrete con essa aggirarvi nei canneti e nei piccoli canali irraggiungibili a piedi, riuscendo così a osservare gli uccelli più da vicino.

▶ Le racchette da neve e gli sci da escursionismo

Se vivete nelle vicinanze della montagna un paio di racchette da neve e un paio di sci da escursionismo, con pelli di foca, vi permetteranno di frequentare i boschi agli inizi della primavera anche dopo nevicate tardive.

▶ La scala

Vi servirà quando, impegnandovi nella ricerca scientifica, vorrete raccogliere dati sulla riproduzione di specie che nidificano in luoghi difficilmente rag-

IL BINOCOLO

Il binocolo è l'attrezzo più importante per chi ama osservare gli animali. Scegliete binocoli con ingrandimenti che varino da 7 a 10 e lente di almeno 40 mm di diametro. Ingrandimenti maggiori affaticano facilmente gli occhi e non possono essere usati a mano libera. Non acquistate binocoli economici: i risultati che danno sono modesti. Acquistate il vostro binocolo in negozio sul far della sera.

A quell'ora si nota meglio la differenza di luminosità tra binocoli buoni e scadenti. La luminosità è determinata dalla grandezza della pupilla d'uscita, cioè dal rapporto tra diametro dell'obiettivo (lente grande) in millimetri e numero degli ingrandimenti. I binocoli che hanno pupilla d'uscita con diametro tra 4 e 7 mm sono i più luminosi.

Ricordate che un buon binocolo dura una vita e rispetta i vostri occhi.

DECALOGO DEL BUON ORNITOLOGO

1 - NON DISTURBARE GLI UCCELLI SENZA MOTIVO
Evita di inseguirli a lungo per la bramosia di scattare una fotografia. Evita di spaventarli con i tuoi schiamazzi.

2 - SEGNALA PRONTAMENTE AGLI AGENTI DI VIGILANZA IL RITROVAMENTO DI ATTREZZI DA BRACCONAGGIO
La tua segnalazione può salvare molti animali e porre termine a un'attività illecita che dura probabilmente da anni.

3 - RIFERISCI LE TUE OSSERVAZIONI INTERESSANTI A UN ESPERTO LOCALE
Spesso gli avvistamenti di specie molto rare sono effettuati da principianti che, come si sa, godono dei classici colpi di fortuna.

4 - SII RISPETTOSO DEI DIRITTI DEI PROPRIETARI DEI TERRENI NEI QUALI TI INOLTRI
Cammina ai margini dei prati da sfalcio senza rovinare l'erba. Non danneggiare gli alberi. Chiedi il permesso per entrare nei fondi recintati.

5 - NON LASCIARE TRACCE DEL TUO PASSAGGIO
Non abbandonare rifiuti in campagna. Possono essere lasciati sul posto i resti alimentari del tuo pranzo, come carne, frutta e pane, appetiti anche dagli animali.

6 - TIENITI IN CONTATTO CON ALTRI APPASSIONATI
Frequentare altre persone che amano osservare gli uccelli e studiarne il comportamento ti aiuta ad accrescere le tue conoscenze.

7 - NON FARE NULLA CHE POSSA FACILITARE LA PREDAZIONE DI UN NIDO
Se trovi un nido di un uccello non visitarlo molto spesso. Evita di allargare la vegetazione attorno a esso altrimenti renderai visibili ai predatori uova e pulcini.

8 - EVITA DI MOSTRARE LE ZONE FREQUENTATE DA SPECIE RARE A UNA PERSONA CHE NON GODE DELLA TUA FIDUCIA
Il disturbo arrecato a queste specie deve essere ridotto al minimo. Aspiranti fotografi professionisti e bracconieri devono essere tenuti alla larga.

9 - DIFENDI L'AMBIENTE NATURALE POICHÉ LA SUA SALVAGUARDIA È INDISPENSABILE PER LA VITA DEGLI ANIMALI SELVATICI
La distruzione delle zone umide e la cementificazione delle coste italiane sono le principali cause della notevole riduzione di alcune specie di uccelli acquatici e di rapaci.

10 - TRASMETTI AGLI ALTRI IL TUO AMORE PER LA NATURA
In Italia la sensibilità naturalistica è minore che negli altri Paesi europei. Diffondere le tue conoscenze aiuta a rendere partecipi altre persone all'attività di salvaguardia dell'ambiente.

Un giovane di basettino. Un buon manuale di riconoscimento deve riportare anche i disegni dei giovani delle singole specie.

LO ZAINO E I PICCOLI ACCESSORI

Indovinate di quale colore deve essere lo zaino? Verde, naturalmente. Acquistate un modello non molto grande (45 litri) per escursioni di una giornata, o di dimensioni maggiori (70 litri) se dovete pernottare all'aperto o portare con voi attrezzatura fotografica.
Sceglietelo preferibilmente con due tasche esterne laterali e una centrale.
Nelle tasche metterete un cordino da roccia, un moschettone, la bussola, un termometro (vanno bene quelli per misurare la temperatura della neve), una lente d'ingrandimento, un coltello multiuso, sacchettini di nylon e scatoline rigide per deporvi i reperti raccolti.

▶ I libri

Sono assieme al binocolo uno degli strumenti da lavoro indispensabili all'aspirante studioso di uccelli. Agli inizi è necessario dotarsi di un buon **manuale di riconoscimento** delle specie. Preferite quelli in cui gli uccelli sono raffigurati con disegni. In essi vengono meglio evidenziati i caratteri del piumaggio. Se vorrete compiere passi ulteriori nella conoscenza dei vostri amici pennuti troverete nelle migliori librerie testi che trattano diversi aspetti della loro vita. Ai veri amatori è possibile acquistare direttamente all'estero per corrispondenza, presso librerie specializzate inglesi, volumi di qualità favolosa. La maggior parte dei testi è in inglese ma è sufficiente una conoscenza scolastica della lingua, e un po' di pazienza, per consultarli.

COME RICERCARE GLI UCCELLI

Il modo più efficace per entrare in contatto con specie diverse di uccelli è cercarli nel luogo giusto e nella stagione giusta. Se durante l'estate cercate un fagiano di monte in un pioppeto di pianura, non lo troverete mai (probabilmente). Le piacevoli sorprese comunque non mancano mai.

Prima di intraprendere la ricerca di una specie, documentatevi – libri, documentari ecc. – e informatevi sulle abitudini degli animali che vi interessano e sugli habitat che frequentano. Le biblioteche dei musei di scienze naturali sono ricche di interessanti volumi che potrete consultare liberamente.

In primavera rapaci (nel disegno due falchi di palude) e corvidi compiono acrobazie nel cielo impegnati nelle loro parate nuziali.

LA STAGIONE MIGLIORE

La **primavera** è di gran lunga la stagione più adatta per iniziare a osservare gli uccelli. Le specie che risiedono tutto l'anno nel nostro Paese vengono raggiunte in questo periodo da quelle migratorie provenienti dall'Africa.

Alla **fine della primavera e in estate**, dopo la schiusa delle uova, le femmine degli uccelli acquatici e dei galliformi si aggirano circospette seguite dai loro pulcini. In **autunno** la nostra penisola viene attraversata dal flusso migratorio di uccelli che, provenienti dal resto dell'Europa, tornano in Africa per trascorrervi i mesi invernali. Appostandovi sui passi alpini o lungo le coste potrete vedere numerosi gruppi di uccelli in spostamento. Le popolazioni di alcune specie che nidificano nei Paesi nordici si spostano in quelli più meridionali per trascorrervi l'**inverno** e sfuggire alle condizioni climatiche proibitive. È così possibile osservare specie che nel resto dell'anno non sono presenti. Tali specie vengono chiamate "svernanti".

L'ORA IDEALE

Non è conveniente iniziare subito alla grande, con levatacce eroiche, se non avete ancora individuato la zona battuta dagli uccelli che vi interessano. Effettuate delle uscite preliminari, a ore più

A fronte: nido di pendolino spicca tra i rami di un albero. In primavera, i nidi di alcuni uccelli, per le loro dimensioni, divengono visibili a distanza.

Splendida alba sulla laguna. A quest'ora gli uccelli diurni iniziano la loro attività e il buon ornitologo è già in cammino.

abbordabili, durante le quali cercherete tracce della presenza della specie che vi interessa: orme, segni d'alimentazione, feci ecc. e, una volta individuata l'area frequentata, effettuate un'uscita all'ora più favorevole per entrare in contatto con quella specie.

Solitamente l'**alba** è il momento in cui gli uccelli sono più attivi e, nel periodo riproduttivo, il loro canto è più intenso. Al tramonto, dopo un periodo di scarsa attività, coincidente con le ore più calde del giorno, vi è un nuovo aumento dell'attività canora.

Se ricercate specie notturne (strigidi) o crepuscolari (beccaccia e succiacapre) dovrete uscire sul far della sera e nelle prime ore della notte. Buone sono anche le ore che precedono l'alba. In piena notte inoltre è possibile ascoltare, anche in città, il melodioso canto dell'usignolo. Nei prati da sfalcio montani si ode il meccanico «... crex-crex...» del re di quaglie e il continuo trillo del succiacapre.

LE CONDIZIONI METEREOLOGICHE

Gli uccelli, come gli umani, amano le belle giornate; quando piove o c'è forte vento si muovono poco e preferiscono sostare in un luogo riparato. L'energia consumata per volare alla ricerca di cibo in condizioni di forte vento o pioggia non verrebbe adeguatamente compensata dal cibo trovato. Gli uccelli si dimostrano sempre molto avveduti nell'utilizzo delle loro energie.

Nelle giornate immediatamente successive a forti nevicate o a improvvise e prolungate gelate potreste avere delle

*Lo zigolo delle nevi nidifica prevalentemente
nei pressi del Circolo Polare Artico
e trascorre l'inverno nelle regioni costiere
del Nord Europa. Durante questi mesi,
in occasione di forti perturbazioni, piccoli
gruppi di zigoli compaiono irregolarmente
nelle zone montuose del Nord Italia.*

L'USO DEL PLAYBACK

Per facilitare il contatto con i rapaci notturni potrete riprodurre il loro verso con un registratore. Le cassette o i CD con i canti degli uccelli sono facilmente reperibili nei negozi specializzati. Spesso questi uccelli, in particolare l'allocco (Strix aluco), rispondono al richiamo emesso dall'apparecchio e si avvicinano, fino a posarsi a pochi metri dall'osservatore, anche durante il giorno. Tale pratica è utilizzata dagli studiosi in particolari ricerche etologiche e nei censimenti delle popolazioni di rapaci notturni. Disturbare questi animali solo per la curiosità di vederli non è consono a un vero amante della natura.

Inoltre riprodurre insistentemente il verso del rapace con il playback provoca assuefazione, l'animale dopo un po' non risponderà più alle vostre sollecitazioni.

piacevoli sorprese. Potrebbe verificarsi infatti la comparsa di uccelli presenti solitamente in aree più settentrionali, come per esempio gli zigoli delle nevi. Nei pochi ambienti che ancora offrono qualche fonte di cibo si verificheranno allora grandi concentrazioni di uccelli. Campi privi di neve con letame sparso e piante di sorbo oppure di mele con frutti non raccolti sono, per esempio, i luoghi in cui è più facile trovare grandi stormi di cesene.

LE MIGRAZIONI

LO STUDIO DELLE MIGRAZIONI

Quasi la metà delle specie di uccelli che si riproducono nel nostro continente, a fine estate, terminato l'allevamento dei piccoli, intraprende un lungo e pericoloso viaggio che la porterà nei territori di svernamento, situati perlopiù in Africa. Tale movimento costituisce un adattamento evolutivo sviluppato da questi uccelli per essere presenti nelle diverse parti del loro areale nel momento di massima disponibilità di cibo e nelle migliori condizioni climatiche.

Le specie insettivore, come rondine e rondone, sono in gran parte migratrici. Migrano però anche l'assiolo, che è un rapace notturno, la quaglia, che è un galliforme, e molte specie di rapaci diurni.

L'Italia, per la sua relativa vicinanza all'Africa, è un Paese in posizione molto interessante per lo studio dei **movimenti migratori**. Molti uccelli infatti arrivano in primavera sulle coste e sulle isole del Centro e del Meridione, dopo un volo diretto, senza soste, iniziato da una regione steppica posta a sud del deserto del Sahara, il Sahel, lontana circa 4.000 chilometri.

La cattura incruenta di questi uccelli permette agli studiosi di ricavare preziose informazioni, come la quantità di energia spesa durante il viaggio e la sua durata.

MIGRAZIONI ED ERRATISMI

▶ Altre specie compiono migrazioni tra un'area e l'altra dell'Europa. Le oche, per esempio, si spostano dai territori di nidificazione del Nordest europeo, quando la cattiva stagione rende inospitali quelle terre, per portarsi in Europa occidentale (Gran Bretagna, Bretagna, Normandia ecc.) e godere dei benefici effetti climatici indotti dalla Corrente del Golfo.

▶ Altri uccelli compiono **migrazioni altitudinali**, spostandosi soltanto di pochi chilometri per sfuggire a particolari condizioni climatiche che impediscono loro di alimentarsi. I merli acquaioli, per esempio, in inverno pos-

A fronte: *rotte migratorie autunnali. Alcune specie di uccelli si spostano, a fine estate, dai territori riproduttivi del Nordest Europa alle Isole britanniche e alla Francia settentrionale (p.es. le oche). Altre intraprendono un lungo viaggio verso i quartieri di svernamento in Africa, talune fermandosi sulle coste settentrionali del continente; altre, dopo una breve sosta, riprendono il viaggio che le porta, dopo aver superato la regione desertica sahariana, nel Sahel o addirittura nel Sud Africa.*

L'ISTITUTO NAZIONALE PER LA FAUNA SELVATICA

Questo istituto, che ha sede a Ozzano Emilia (BO), coordina in Italia gli studi sulle migrazioni e ha organizzato una rete di inanellatori attiva in tutto il Paese. Per diventare inanellatori è necessario frequentare appositi corsi di preparazione presso l'Istituto e sostenere un esame, nel quale viene valutata la capacità dell'aspirante inanellatore nel manipolare gli uccelli senza danneggiarli, la precisione nel rilevamento delle misure delle varie parti del corpo dell'animale e la conoscenza di particolari del piumaggio di un discreto numero di specie. Le persone che superano l'esame, dopo avere ottenuto l'autorizzazione delle regioni e province competenti, possono catturare gli uccelli utilizzando particolari reti, dette mist nets *(reti foschia), che permettono la cattura degli uccelli senza procurare loro danni. Una volta piazzate le reti nei punti in cui pensano che più numerose possano essere le catture, gli ornitologi le ispezionano continuamente recuperando gli uccelli catturati. Al campo base viene applicato alla zampa degli uccelli un piccolo e leggero anello di metallo, sul quale è riportato un codice che permetterà di identificarli in tutto il mondo. Le dimensioni, la stima dello stato di nutrizione e di salute nonché il punteggio di muta, cioè lo stadio di progressione del rinnovamento del piumaggio, vengono trascritti su apposite schede, i cui dati saranno poi memorizzati nel centro di elaborazione dell'Istituto nazionale per la fauna selvatica.*

Aut. Min. Conc.

Ogni stato europeo è dotato di un ente che coordina gli studi sulle migrazioni degli uccelli. Tali enti, i Centri di inanellamento nazionali, riversano le informazioni da loro raccolte nella banca dati dell'Euring, l'Unione europea per l'inanellamento, che ha sede in Olanda. A questa organizzazione fanno capo 35 diversi Centri d'inanellamento nazionali e 10.000 inanellatori europei, in gran parte non professionisti, che esaminano ogni anno su 4.000.000 di uccelli.

Gli anelli rinvenuti su uccelli morti, anche se in cattive condizioni, vanno prontamente consegnati al proprio Comune (segnalando località e data del ritrovamento), o agli uffici competenti dell'Amministrazione Provinciale, che ne curano la spedizione al Centro d'inanellamento nazionale. In tutta Europa viene segnalato annualmente, da parte di birdwatchers, cacciatori e semplici cittadini, il rinvenimento di circa 90.000 uccelli inanellati. È così possibile, grazie all'impegno congiunto di queste persone e degli scienziati del settore, tracciare con precisione i percorsi seguiti dagli uccelli nelle loro migrazioni e individuare le zone nelle quali sostano per cibarsi e riposare durante il loro viaggio, promuovendone la trasformazione in oasi di protezione della fauna.

sono spostarsi più a valle in caso di ghiacciamento dei piccoli torrenti di montagna.

▶ In autunno i giovani di alcune specie stanziali, dopo essere stati allevati, vengono allontanati dai genitori dai territori natii e possono compiere **erratismi** di centinaia di chilometri prima di insediarsi in un territorio libero.

▶ Alcuni anatidi che nidificano nell'Europa settentrionale, al termine del periodo riproduttivo, effettuano migrazioni, dette **migrazioni di muta**, per raggiungere località tranquille e lontane da predatori. In queste zone rinnovano contemporaneamente tutte le penne delle ali rimanendo per un po' di tempo inabili al volo.

IL TACCUINO DI CAMPAGNA

I veri naturalisti tengono sempre nel taschino il loro taccuino di campagna. In esso trascrivono tutte le loro osservazioni tenendole distinte per luogo e data. Al momento del contatto con una specie particolarmente interessante, annotano l'ora d'osservazione, il nome della località (che deve comparire sulle mappe in scala 1:25.000), le condizioni meteorologiche e il tipo di comportamento tenuto dall'animale (canto, imbeccata, lotta per il territorio…). Segnano inoltre la presenza di specie più comuni e, approssimativamente, il numero di individui contattati. Questi dati vengono poi utilizzati per la stesura di atlanti locali sugli uccelli nidificanti o svernanti in una data area.

Gli ornitologi tracciano piccoli schizzi degli uccelli che non riconoscono subito, rimarcando i caratteri principali del corpo. Tali disegni si rivelano preziosi per la successiva consultazione dei manuali di riconoscimento. Scegliete piccoli quaderni con pagine bianche e copertina rigida di cartone o materiale plastico. La scelta del colore è lasciata al vostro gusto. È ammessa qualunque gradazione di verde non brillante. All'estero sono in vendita quaderni con pagine impermeabili, appositamente realizzati per i naturalisti.

Una mist net *tesa tra la rada vegetazione di un'isola tirrenica. In primavera molti ornitologi partecipano, in stazioni di inanellamento sparse in tutto il Mediterraneo, allo studio delle migrazioni.*

IL BRACCONAGGIO

Gli uccelli sono quotidianamente alle prese con piccole opere (prodotte da mirabili artigiani, falegnami e carpentieri), che hanno prevalentemente la funzione di catturarli per trasformarli in deliziosi manicaretti, secondo i dettami delle buone ricette di cucina regionale. Questi attrezzi vengono piazzati solitamente alla base di alberi da frutto, nelle siepi o nei boschi fitti vicini ad abitazioni. Il loro uso è punito dalla legge con severe sanzioni penali. Quindi se durante le vostre passeggiate notate ai margini di un bosco un piccolo sentiero battuto che si inoltra nel folto della vegetazione, provate a percorrerlo per alcune decine di metri, evitando accuratamente di lasciare le vostre impronte. Se avete un occhio un po' allenato potrete trovare qualche rete o trappola messa in opera. Vi troverete allora in una posizione di vantaggio nei confronti del bracconiere. Non sciupatela distruggendo gli attrezzi e liberando i pochi animali in essi catturati. Soprattutto non fatevi scorgere dal bracconiere e non intavolate discussioni con lui. Spesso si tratta di persone prepotenti e poco inclini ad accettare critiche. Gli attrezzi costano poche lire e il bracconiere non farebbe altro che spostare le sue attività di poche centinaia di metri ricominciando indisturbato. Anche se è crudele dirlo è meglio sacrificare qualche uccello, lasciandolo nelle trappole, e avvisare prontamente gli agenti di vigilanza che hanno l'obbligo di intervenire. Così sarà per loro possibile sorprendere il bracconiere con le mani nel sacco ed egli, pagando le pesanti sanzioni previste per questo tipo di reati, sarà maggiormente disincentivato a proseguire la sua opera.

L'ARCHETTO

L'archetto è un attrezzo molto semplice, costituito da un ramo flessuoso di nocciolo e un filo robusto. Gli archetti vengono messi in opera in gran numero, di solito lungo sentieri costeggiati da siepi o nei boschi. L'uccelletto posandosi sul bastoncino laterale lo fa cadere col suo peso: il filo, non più trattenuto dal bastoncino, libera il ramo di nocciolo che scatta violentemente serrando il filo attorno alle zampe e spezzandogliele. L'animale soffre per molto tempo prima di morire.

In alto: un bracconiere controlla gli archetti posti ai bordi di un sentiero poco frequentato.

A fronte: nelle aree protette gli animali si avvicinano più facilmente.

GLI AMI

La trappola ad amo può essere impiegata per tutte le specie, ma in particolare per quelle che frequentano i giardini delle case. Un filo di nylon viene fissato a terra con un piccolo picchetto. All'altro capo del filo viene montato un amo nascosto da un'esca, una larva o un grano di cereale. L'uccello ingoia l'esca con relativo amo restando impigliato al filo.

Alcuni simpaticoni, frequentatori dei laghi, preferiscono una variante più sportiva della stessa trappola. Con canna da pesca e mulinello, e il solito amo, dopo avere attratto un'anatra lanciandole del pane, la catturano facendogli ingoiare l'esca e la recuperano come fosse un pesce.

Trappola a scatto con rete per la cattura di uccelli.

para una "tagliata", cioè una zona priva di vegetazione, all'interno di un boschetto fitto e vi tende la rete.

In essa si catturano gli uccelli che vi restano per molte ore, morendo per lo stress o per le ferite che si procurano tentando di liberarsi.

Le trappole

Ve ne sono di tutti i tipi sul mercato clandestino. Qualcuno si diverte ad autocostruirle con risultati a volte egregi. Alcune trappole per mammiferi che ho avuto occasione di vedere, del tipo a tagliola, avrebbero potuto benissimo uccidere un bambino.

Quasi tutte queste trappole funzionano a scatto provocato dalla preda. Alcune uccidono all'istante altre permettono di catturare gli uccelli vivi.

I lacci

Vengono più comunemente usati per catturare mammiferi. Quelli per la cattura di uccelli sono costruiti con fili di nylon per pescatori. L'uccello, attratto da un'esca, infila il capo nel laccio teso intorno a essa e, al momento di ritrarsi, il filo si serra attorno al collo. Sentendosi catturato l'uccello si agita violentemente fino a strangolarsi.

Le reti a tremaglio

Sono reti composte da tre maglie vendute, ormai clandestinamente, in certi negozi di caccia e pesca. Costano poche migliaia di lire. L'appassionato pre-

IL VISCHIO

Si tratta di una sostanza appiccicosa, che si trova comunemente in commercio, usata nelle case di campagna per catturare piccoli topi.

I bracconieri, sfruttando l'abitudine degli uccelli di posarsi sui rami più alti degli alberi, la utilizzano per catturarli. Dopo aver cosparso il vischio su un ramo, i furbacchioni lo fissano con un filo di ferro in mezzo alla chioma di un albero o in mezzo alle coltivazioni del loro orto.

BIOLOGIA DEGLI UCCELLI

Conoscere i nomi delle varie parti del corpo di un uccello vi aiuterà a identificare anche le specie che non riuscirete a riconoscere subito e vi permetterà di scambiare velocemente impressioni con gli osservatori che vi accompagnano al momento del contatto con l'animale.

La necessità di battere la concorrenza di altri animali nella ricerca del cibo e di luoghi adatti alla nidificazione ha sviluppato, per selezione naturale, una notevole differenziazione anatomica tra le varie specie. I diversi tipi di becco e di zampa che possiamo osservare in natura sono solo un esempio dello sforzo compiuto dagli uccelli per adattarsi ad ambienti molto diversi tra loro.

LA CURA DELLE PENNE

*Per volare efficientemente gli uccelli devono mantenere in ordine il loro piumaggio. È facile perciò vederli, nei momenti di riposo, posati sui rami e intenti a mordicchiarsi le penne per **riordinarne la struttura** e a **impermeabilizzare** il piumaggio con una sostanza oleosa che prelevano col becco dall'uropigio, una ghiandola posta alla base della coda.*

IL BECCO

Il becco è rivestito da una sostanza cheratinosa che cresce continuamente ed è soggetta a usura come le nostre unghie. In molte specie la mascella superiore è saldata direttamente al cranio. In altre invece tra queste due parti anatomiche vi è un'articolazione.

La mascella inferiore (mandibola) è sempre unita al cranio da alcuni muscoli.

▶ I picchi grazie al **forte** becco riescono a scavare nel legno dei tronchi per estrarre insetti xilofagi e costruirsi il nido.

▶ Il becco **diritto e appuntito** con mascelle finemente seghettate dell'airone è adatto alla cattura di organismi acquatici.

▶ Il frosone è il fringillide europeo con il becco di maggiori dimensioni. Con tale becco, grazie anche alla **forte muscolatura della mandibola**, riesce a spaccare noccioli durissimi come quelli delle olive.

▶ Il becco del chiurlo, dotato di una punta molto sensibile, è **lungo e ricurvo** e permette all'animale di catturare prede nel fango, anche a profondità

frosone

picchio

airone

chiurlo

crociere

beccaccia

fenicottero

maggiori di quelle raggiunte dalle altre specie.

▶ La beccaccia ha il becco rivestito da un tessuto vascolarizzato, **molto sensibile** sulla punta, col quale cattura i vermi nei terreni morbidi.

▶ Il crociere, dal becco con le **punte incrociate**, è specializzato nell'aprire le pigne di conifere per estrarne i semi.

▶ Il becco del fenicottero è **dotato lateralmente di setole** molto sottili, che filtrano l'acqua spinta fuori dalla lingua trattenendo gli organismi acquatici.

aquila reale

▶ L'aquila reale ha muscoli mascellari molto forti che le permettono di fare a pezzi le prede con il becco **robusto e tagliente**.

avocetta

▶ L'avocetta vaglia l'acqua fangosa in superficie col suo **becco ricurvo** serrandolo prontamente sulla preda.

LA ZAMPA

▶ Il martin pescatore ha zampe corte con **piedi sindattili**. Essi mostrano le dita mediane ed esterne fuse per parte della loro lunghezza.

▶ Le anatre, che passano la maggior parte del loro tempo in acqua, hanno zampe con **dita anteriori unite tra loro da una membrana** che aumenta la spinta propulsiva.

▶ L'avocetta invece, che nuota più raramente ma che deve smuovere il fondo degli stagni per cercare le prede, presenta **piede semipalmato**.

▶ Lo svasso maggiore e la folaga hanno dita libere munite di **membrane laterali**. Ciò garantisce a entrambi una buona spinta nell'acqua e allo stesso tempo una discreta superficie d'appoggio quando camminano sulla vegetazione acquatica.

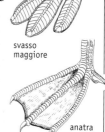

svasso maggiore

anatra

IL CANTO

Il canto ha la funzione di attirare le femmine e di comunicare agli altri maschi che un determinato territorio è già occupato. È una caratteristica maschile, anche se le femmine di alcune specie possono emettere talvolta versi paragonabili al canto dei maschi. Gli individui di una specie, pur cantando in modo simile, hanno ciascuno una particolare tonalità che li diversifica.

Il canto viene prodotto dalla siringe, un organo posto al raccordo tra i due bronchi. Essa è composta da tessuti membranosi che vibrano al passaggio dell'aria producendo il suono. Alcune specie, del tutto simili per le caratteristiche del piumaggio, sono distinguibili solo dal canto.

TOPOGRAFIA

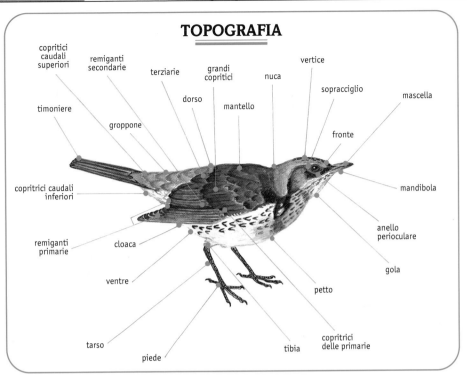

copritici caudali superiori — remiganti secondarie — terziarie — grandi copritici — nuca — vertice — sopracciglio — mascella — timoniere — dorso — mantello — fronte — groppone — copritrici caudali inferiori — mandibola — remiganti primarie — cloaca — anello perioculare — ventre — gola — tarso — piede — petto — tibia — copritrici delle primarie

L'ALA

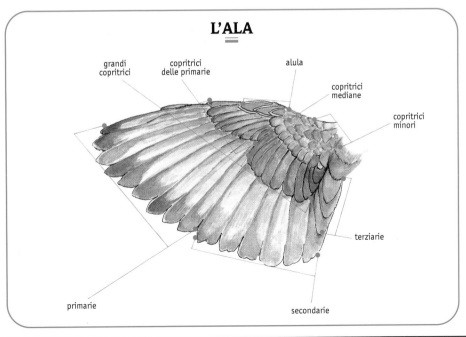

grandi copritrici — copritrici delle primarie — alula — copritrici mediane — copritrici minori — terziarie — primarie — secondarie

LA CLASSIFICAZIONE SCIENTIFICA

Le specie viventi, animali e vegetali, sono state classificate nei secoli scorsi in base a criteri di somiglianza anatomica e morfologica. Oggi si ricorre spesso all'esame del DNA per procedere a una corretta classificazione delle specie. Il nome scientifico delle varie specie è composto da due termini. L'inventore del sistema di nomenclatura binomia è il naturalista svedese Carl Ritter von Linnè, detto Linneo o Linnaeus, che utilizzò per la prima volta questo sistema nel suo libro Historia Naturae del 1758.

Il primo termine, detto **nome generico**, *indica il genere al quale tale specie appartiene. Esso viene sempre indicato con l'iniziale maiuscola; può essere abbreviato quando è già comparso precedentemente nel testo. Il secondo termine, detto* **nome specifico**, *indica la specie e ha iniziale minuscola. Gli studiosi talvolta utilizzano un'ulteriore suddivisione, la* **sottospecie**: *al nome di genere e specie ne aggiungono un terzo per indicare una popolazione propria di una determinata area, spesso identificabile per caratteristiche fisiche che sfuggono agli occhi inesperti di un principiante. Le sottospecie occupano zone geografiche ben distinte, sovrapponendosi e incrociandosi nelle zone marginali del loro areale. La sottospecie avente nome uguale a quello che indica la specie, cioè avente terzo nome uguale al secondo, viene detta sottospecie nominale. Nei testi spesso al nome scientifico della specie segue il nome del naturalista che la scoprì e l'anno in cui gli attribuì il nome.*

Per esempio, il nome scientifico completo del tordo bottaccio è:

Turdus philomelos *C.L. Brehm, 1831*

I diversi livelli di raggruppamento utilizzati per catalogare gli animali sono in ordine decrescente i seguenti (tra parentesi vengono indicati i nomi delle categorie relative agli uccelli):

REGNO *(Animalia)*
PHYLUM *(Chordata)*
CLASSE *(Aves)*
ORDINE
(il nome degli ordini termina con il suffisso -formi)
FAMIGLIA
(il nome termina con il suffisso -idi)
GENERE
SPECIE
SOTTOSPECIE

I nomi scientifici, al contrario di quelli comuni, restano invariati in tutto il mondo e possono essere modificati solo dopo l'approvazione di un apposito comitato internazionale.

▶ I cormorani hanno piede con **tutte le dita (compreso il dito posteriore) collegate fra loro da una membrana**. Questo tipo di piede è ottimo per il nuoto in immersione.

▶ Il **piede calzato**, cioè interamente coperto di piume, come quello della pernice bianca, garantisce un buon isolamento termico su terreni innevati.

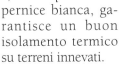

cormorano

▶ Il piede dei picchi è **zigodattilo**, cioè ha due dita rivolte in avanti e due all'indietro. Questi uccelli arboricoli possono mantenere così un'ottima presa sulla corteccia dei tronchi.

pernice bianca

L'UOVO

L'uovo è formato da un guscio esterno, composto da carbonato di calcio, che racchiude l'embrione di un uccello e le sostanze che lo nutriranno fino al momento della schiusa.

Le femmine di specie di piccole dimensioni depongono solitamente un uovo al giorno, mentre uccelli di maggiori dimensioni hanno intervalli di deposi-

IL CARICO D'ALA

In volo i rapaci sono molto più agili di altri uccelli che hanno corpi più massicci. Questo è dovuto a un particolare fattore, il cosiddetto "carico d'ala", che indica il rapporto tra la superficie dell'ala e il peso del corpo. Quindi un biancone, che ha un basso carico d'ala, è molto più agile di un cigno reale.

Un cigno reale si alza faticosamente in volo.

zione più lunghi. I rapaci notturni solitamente depongono un uovo ogni 2 giorni mentre l'aquila reale ogni 3-4 giorni.

Ogni specie depone un tipo di uovo che per dimensioni e colore si differenzia da quelle delle altre specie.

Il colore del guscio delle uova è strettamente correlato all'ambiente nel quale l'uccello nidifica.

Picchi e rapaci notturni nidificando in cavità non hanno bisogno di deporre uova dal colore mimetico, mentre i limicoli depongono uova macchiettate che si confondono col colore del suolo.

un diverso grado di sviluppo. Con questo tipo di schiusa talvolta, si viene a stabilire una situazione, detta "cainismo" o "di Caino e Abele", in cui, in caso di scarsità di cibo, i fratelli più grandi sopravviveranno a spese dei più piccoli, anche nutrendosi dei loro corpi. Le specie a schiusa asincrona regolano così la dimensione della prole in base alla disponibilità alimentare. L'aquila reale è un caso tipico. Se la cova inizia quando è stato deposto l'ultimo uovo, tutti i pulcini nasceranno invece quasi contemporaneamente e avranno uguali probabilità di sopravvivenza.

La schiusa delle uova

Gli uccelli possono iniziare a covare, fornendo il calore necessario allo sviluppo dell'embrione, fin dalla deposizione del primo uovo, oppure soltanto dopo averne deposto un certo numero. Nel primo caso – **schiusa asincrona** – le uova schiuderanno in tempi successivi, così che i pulcini presenteranno

I pulcini

I pulcini al momento dell'uscita dall'uovo possono presentarsi completamente inetti (**nidicoli**) o già in grado, dopo poche ore, di seguire la madre nei suoi spostamenti (**nidifughi**).

I pulcini inetti, che nascono nudi o coperti da un leggero piumino, sono totalmente dipendenti dai genitori, i

Pulcini nidifughi di germano reale.

quali devono coprirli continuamente nei primi giorni di vita, così da mantenerne costante la temperatura corporea.

I passeriformi hanno pulcini del tipo inetto; i precoci invece sono tipici di limicoli, anatidi e galliformi.

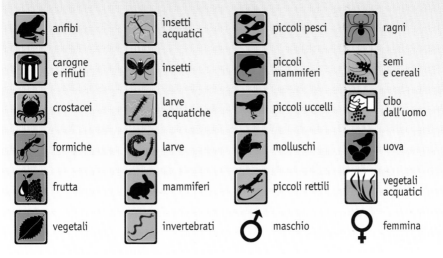

Coppia di ciuffolotti intenta ad accudire pulcini nidicoli.

LE SCHEDE

Le schede che presentiamo nelle prossime pagine sono dedicate a uccelli più o meno diffusi sul territorio italiano. Ad alcune abbiamo voluto dedicare più spazio di altre, ma ciò non significa che le specie che in essa vengono trattate siano più importanti o più frequenti. Per gli uccelli descritti più ampiamente forniamo una mappa con gli areali: il giallo indica le aree di nidificazione, il blu quelle di svernamento, il verde le aree nelle quali la specie è presente tutto l'anno. Sotto diamo una breve legenda dei simboli utilizzati per elencare le abitudini alimentari degli uccelli a cui la scheda viene dedicata. Per rintracciare comunque più facilmente la specie che desiderate consultare, vi invitiamo a utilizzare il pratico indice dei nomi nelle ultime pagine. Anche il glossario potrà essere di aiuto per una più completa comprensione della terminologia utilizzata.

anfibi	insetti acquatici	piccoli pesci	ragni
carogne e rifiuti	insetti	piccoli mammiferi	semi e cereali
crostacei	larve acquatiche	piccoli uccelli	cibo dall'uomo
formiche	larve	molluschi	uova
frutta	mammiferi	piccoli rettili	vegetali acquatici
vegetali	invertebrati	♂ maschio	♀ femmina

31

LAGHI
E FIUMI

Sulle rive dei **torrenti** che scendono dalle pendici delle montagne trovano ospitalità, tra gli altri, il merlo acquaiolo, la ballerina gialla, lo scricciolo e la ballerina bianca. Osservando attentamente sotto i ponti o dietro il velo d'acqua delle cascate potrete trovare ammassi di muschio dalla forma semisferica, sono i nidi del merlo acquaiolo. La vegetazione sulle sponde è rappresentata da ontani neri, giovani larici, aceri montani, frassini e faggi.

    I **grandi fiumi**, che scorrono lenti in pianura, forman-

do lungo il loro corso golene allagate e lanche, rivestono grande importanza dal punto di vista naturalistico. Sulle loro rive vegetano boschetti di robinia e salice bianco dove gli ardeidi formano le loro garzaie. Il picchio verde e il picchio rosso maggiore, assieme ai gufi comuni e alle cornacchie grigie, nidificano nei pioppeti coltivati nelle loro vicinanze. Sui greti asciutti si riproducono le sterne e il corriere piccolo. In inverno folti gruppi di gabbiani comuni provenienti dall'Est europeo si insediano lungo il loro corso anche all'interno delle grandi città.

I canneti di *Phragmites* che crescono sulle rive dei **laghi** rappresentano un sicuro rifugio per l'avifauna acquatica. In essi nidificano germani reali, folaghe, svassi maggiori, tuffetti, gallinelle d'acqua e piccoli passeriformi. In inverno sulle acque aperte possono essere osservati gli svassi piccoli, i cormorani, i rari svassi collorosso e i gabbiani reali.

Tali canneti assolvono inoltre un'importante funzione depurativa delle acque. Negli ultimi anni nei maggiori laghi si è assistito alla distruzione sistematica di questi preziosi biotopi per un maggiore sfruttamento turistico delle rive.

1 merlo acquaiolo	8 gabbiano comune	15 germano reale
2 ballerina gialla	9 cormorano	16 gallinella d'acqua
3 gruccione	10 folaga	17 falco pescatore
4 topino	11 cigno reale	18 picchio verde
5 corriere piccolo	12 moretta	19 picchio rosso maggiore
6 ballerina bianca	13 moriglione	20 gufo comune
7 piro piro boschereccio	14 fistione turco	21 cornacchia grigia

Cygnus olor
CIGNO REALE

FAMIGLIA ANATIDI

♂ = ♀

Il cigno reale, dagli eleganti movimenti in acqua, è molto goffo quando si porta a terra. Il maschio sviluppa una protuberanza nera sopra il becco in primavera, all'inizio della stagione riproduttiva.

▶ Dove osservarlo

Nidifica nei canneti ripariali dei laghi e dei fiumi del Nord Italia. In questi luoghi è presente tutto l'anno.

È specie in espansione grazie anche alle numerose introduzioni di individui di allevamento.

 Come le anatre di superficie, non riescono a compiere vere immersioni. Per raggiungere la vegetazione del fondo immergono la parte anteriore del corpo e alzano quella posteriore; mantengono questa posizione – detta in inglese "upending" – remando lentamente con le zampe.

I giovani hanno piumaggio più scuro degli adulti e il becco di colore bruno. A sinistra, un giovane cigno in "upending".

Mentre la femmina è in cova, il maschio difende il territorio avvicinandosi agli intrusi con posture d'attacco, tenendo le ali semiaperte ed emettendo soffi minacciosi. In queste occasioni viene spesso ferito a sassate o a colpi di remo da stupidi bagnanti o sprovveduti barcaioli.

In caso di attacco da parte di un cigno è spesso sufficiente allontanarsi prontamente ai primi cenni di nervosismo dell'animale.

▶ Riproduzione

Il nido del cigno è composto da una grande piattaforma vegetale di 1 m o più di diametro, costruita da entrambi i sessi nella parte del canneto prossima all'acqua. Le uova vengono deposte in aprile, e covate solo dalla femmina per poco più di un mese. I pulli nascono precoci e si allontanano dal nido dopo 1-2 giorni.

Maschi di moretta.

La MORETTA (*Aythya fuligula*) è molto rara in Italia come nidificante; diviene più comune durante i passi e come svernante. In inverno è spesso visibile in grandi gruppi su piccoli laghi dall'acqua profonda pochi metri. Maschio e femmina sono differenti: il maschio ha una caratteristica cresta cadente; la femmina invece è di colore bruno e ha la cresta meno evidente.

Si tratta di un'anatra tuffatrice. Si alimenta di vegetali e altro materiale raccolto sul fondo in immersione completa o in "upending". Si ciba di vegetali, molluschi, crostacei, insetti acquatici, semi.

Netta rufina (Nome in antico greco della specie - rossastra)

FISTIONE TURCO

FAMIGLIA ANATIDI

♂ ≠ ♀

58×42 mm

▶ Dove osservarlo

Specie abbastanza rara, nidificante negli stagni dell'Oristanese e in zone umide costiere dell'alto Adriatico. Sverna anche nelle zone interne, in laghi con folti canneti sulle rive e su fiumi a corso lento.

▶ Riproduzione

Il fistione turco depone una sola covata a fine aprile. Cova solo la femmina. I pulli sono precoci.

Il fistione turco spicca il volo dopo aver brevemente pattinato con le zampe sull'acqua.

Può cibarsi in "upending", come le anatre di superficie, ma spesso compie immersioni.

In periodo riproduttivo il maschio di fistione turco è molto appariscente, con testa castano caldo e becco rosso. Nel periodo eclissale, dopo la riproduzione, diviene invece simile alla femmina, che ha guance pallide contrastanti con il vertice bruno scuro.

gabbiano
corallino

gabbiano
comune

Gli adulti, in periodo riproduttivo, hanno sul capo un cappuccio di colore nerastro che non arriva fino al collo come invece si riscontra nel gabbiano corallino.

♂ = ♀

GABBIANO COMUNE

Larus ridibundus

Famiglia laridi

▶ Dove osservarlo

Nidifica lungo il fiume Po e in Sardegna, sui banchi di sabbia o nei greti sassosi. Sverna in tutto il Paese frequentando di giorno anche l'entroterra e ritirandosi al tramonto in ambienti, come i grandi laghi, che gli assicurano tranquillità durante la notte. Il gabbiano comune forma colonie numerose e molto rumorose.

Il gabbiano è un cleptoparassita. Molte volte infatti, piuttosto che procurarsi da solo il cibo, tenta di rubarlo dal becco di un suo simile o a un individuo di un'altra specie. Insegue il malcapitato finché questi non decide di abbandonare il boccone.

In inverno il gabbiano comune ha capo bianco e poche penne scure vicine all'orecchio.

▶ Riproduzione

Il nido è costituito da una piccola depressione scavata nel terreno da entrambi i partner, o da una piattaforma costruita sulla vegetazione galleggiante. È foderato con alghe e piccoli rami. Depone una sola covata a fine aprile. Le uova sono covate da entrambi i genitori per 25 giorni circa. I pulli sono semiprecoci e lasciano il nido dopo pochi giorni, restando comunque nelle sue vicinanze.

51×37 mm

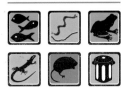

Phalacrocorax carbo (Cormorano - dal colore del carbone) ♂ = ♀

CORMORANO

FAMIGLIA FALACROCORACIDI

 Pur protetto dalle leggi statali è oggetto di persecuzione da parte di allevatori di pesce a causa delle sue abitudini alimentari.

▶ Dove osservarlo

Nidifica sulle coste rocciose sarde e in alcune zone umide del Nord. Frequenta fiumi a corso lento, estuari, lagune e laghi anche di modeste dimensioni.

Nei Paesi orientali viene addomesticato dai pescatori che, dopo avergli applicato un anello al collo che gli impedisce di ingoiare il pesce catturato, lo mandano a pescare per loro conto.

Il cormorano ha una macchia bianca sulla gola e, in periodo riproduttivo, sviluppa una chiazza bianca sulle cosce.

A destra: i giovani sono distinguibili dagli adulti per le parti inferiori molto chiare.

▶ Riproduzione

I cormorani nidificano in colonie di dimensioni variabili. Il maschio procura i piccoli rami secchi, con i quali la coppia costruisce la piattaforma che costituisce il nido. Le uova sono covate da entrambi i partner per quasi un mese. I pulli nascono inetti e restano nel nido per 5 settimane. Vengono riscaldati dai genitori con le zampe che hanno le membrane interdigitali ricche di vasi sanguigni.

Il gruccione è facilmente riconoscibile per il piumaggio molto vistoso.

Il GRUCCIONE (*Merops apiaster*) frequenta nel periodo riproduttivo aree del nostro Paese con clima mite a tutte le latitudini. Sverna in Africa e Medio Oriente. È facile osservarlo sui fili elettrici mentre scruta le zone aperte alla ricerca di vespe, api e altri insetti alati. Il gruccione scava una galleria in banchi sabbiosi ove depone le uova. I pulli sono inetti. Maschio e femmina sono distinguibili, ma soltanto a un occhio esperto.

Il cormorano non ha piumaggio impermeabilizzato. Giò gli rende più facile immergersi a caccia di pesce, anche per un minuto, ma lo costringe poi a lunghe soste sugli alberi, fermo con le ali aperte, per asciugarsi.

Fulica atra ("Folaga" dal latino - scura, nera)

FOLAGA

FAMIGLIA RALLIDI

  Per cibarsi compie immersioni profonde qualche metro. Visita i campi coltivati.

Rallide dal piumaggio completamente scuro sul quale risaltano il becco e la placca frontale bianchi. Le zampe lobate gli permettono di camminare sulla vegetazione acquatica e di nuotare discretamente.

♂ = ♀

Per diminuire la dispersione di calore nei mesi freddi, la folaga si appoggia su una sola zampa cambiando ogni tanto piede.

▶ Dove osservarla

La folaga frequenta tutti gli ambienti acquatici, con esclusione dei corsi d'acqua a corrente rapida.

▶ Riproduzione

Il nido viene costruito nel folto del canneto. È una piattaforma di 50 cm circa, composta di foglie di tifa e altri vegetali palustri. Nelle vicinanze del nido prepara altre piattaforme che utilizza come luoghi di riposo per i piccoli.

56×39 mm

Il MORIGLIONE (*Aythya ferina*) sverna in grandi branchi, spesso misti alla moretta. È nidificante localizzata in zone umide di tutto il Paese. Più numerosa nel delta del Po. È un'anatra tuffatrice. Maschio e femmina sono diversi. La femmina in lontananza può essere scambiata per una femmina di moretta, ma ha il piumaggio più chiaro. Si ciba di vegetali, molluschi, crostacei, insetti acquatici e semi.

Maschio di moriglione con tipica testa castano scuro e corpo grigio chiaro.

Le giovani folaghe hanno piumaggio più chiaro degli adulti e gola e parte del petto biancastri.

Depone 2 o 3 covate successive, da marzo ad agosto. Le uova vengono covate da entrambi i sessi. Il nido, ancorato rigidamente alla vegetazione circostante e non fluttuante sull'acqua, può essere distrutto da forti piogge e dal moto ondoso durante i temporali. I pulcini, precoci, lasciano il nido 2 giorni dopo la schiusa.

Il vertice bianco della testa del falco pescatore è visibile a distanza.

Il FALCO PESCATORE (*Pandion haliaetus*) è un rapace di grandi dimensioni. Si ciba prevalentemente di pesci. Potrete osservarlo nelle vicinanze dei laghi, anche nelle zone interne del Paese, durante il passo primaverile e autunnale. Ha nidificato sulle coste sarde e siciliane fino agli anni '60 poi, a causa del selvaggio sviluppo turistico avvenuto in quei luoghi e di numerosi atti di bracconaggio, si è estinto. Maschio e femmina sono simili.

Anas platyrhynchos (Anatra, dal latino - dal becco largo)

GERMANO REALE

FAMIGLIA ANATIDI

♂ ≠ ♀

Si alimenta in "upending" o in superficie.

► Dove osservarlo

Frequenta tutti gli specchi d'acqua, con esclusione di quelli a corrente rapida. È una delle specie più sottoposte a prelievo venatorio. Vive spesso a stretto contatto con l'uomo e nidifica anche sulle sponde dei fiumi che scorrono nelle grandi città.

Nelle giornate calde i germani possono regolare la temperatura corporea variando l'afflusso sanguigno nelle zampe.

Il maschio ha il capo di colore verde metallico, becco giallo, collarino bianco e coda con alcune timoniere arricciate. A nidificazione iniziata muta completamente le penne assumendo un abito detto "eclissale", che lo rende simile alla femmina.

▶ Riproduzione

La deposizione ha inizio a fine marzo. Le covate possono essere due. Cova solo la femmina. I pulcini seguono la madre subito dopo la schiusa delle uova.

Pulcini nidifughi di germano reale.

IL CAPANNO IN PALUDE

Gli specchi d'acqua palustre sono spesso caratterizzati dalla presenza sulle sponde di una fitta vegetazione che non permette all'ornitologo, in mancanza di punti d'osservazione sopraelevati, di vedere gli anatidi posati sull'acqua o gli ardeidi e i rallidi che frequentano le ripe alla ricerca di cibo.

Per osservare gli uccelli, evitando di spaventarli spostandosi rumorosamente nel canneto, è opportuno costruire un capanno nel quale nascondersi.

La costruzione, con struttura in legno ricoperta da cannuccia, da teli frangisole verdi o da juta, dovrà essere dotata di feritoie su almeno tre lati e di un tetto che nasconda le persone in essa contenute, anche agli uccelli in volo.

Rendete il capanno più confortevole dotandolo anche di una panca. Il camminamento d'ingresso, se non nascosto dalla vegetazione, dovrà essere circondato da teli verdi o da fasci di cannuccia alti poco meno di una persona.

Il piro piro boschereccio ricerca il cibo nelle acque basse degli stagni.

Il PIRO PIRO BOSCHERECCIO (*Tringa glareola*) è specie di passo, visibile all'inizio della primavera, quando si sposta dall'Africa verso i territori di nidificazione della Penisola Scandinava e dell'Est europeo, nonché in autunno quando torna nei quartieri di svernamento africani.

Sta risentendo della drastica riduzione delle zone umide.

Maschio e femmina sono simili. Si ciba di insetti, larve, crostacei, molluschi, aracnidi, semi.

Cinclus cinclus

MERLO ACQUAIOLO

FAMIGLIA CINCLIDI

♂ = ♀

Simile a un piccolo merlo con coda corta, ha piumaggio bruno scuro con una grande chiazza bianca su gola e petto.

Un adulto di merlo acquaiolo porta l'imbeccata al nido.

▶ Dove osservarlo

Frequenta i letti dei torrenti montani e collinari di tutta Italia. È specie stanziale, ma in inverno compie spostamenti anche notevoli alla ricerca di condizioni ambientali più favorevoli.

Cammina in apnea sul fondo dei corsi d'acqua, smuovendo il pietrisco per trovare ciò di cui si nutre. Oltre ai piccoli pesci ricerca anche le loro uova.

La presenza di questa specie è tradita dalle deiezioni biancastre visibili sui sassi del greto dei torrenti.

► Riproduzione

Costruisce il nido, un ammasso di muschio e piccoli rami dalla forma vagamente sferica, sotto le travi dei ponti, tra le radici di un albero o dietro il velo d'acqua delle cascate. Le uova sono covate, solo dalla femmina, per una quindicina di giorni. I piccoli, che nascono inetti, sono nutriti da entrambi i genitori ed escono dal nido 20 giorni circa dopo la schiusa, ancora incapaci di volare. Una prima deposizione avviene a metà marzo, una seconda inizia a metà maggio.

La BALLERINA GIALLA (*Motacilla cinerea*) è una specie stanziale presente in gran parte d'Italia. Frequenta le sponde sassose dei torrenti a corso veloce. Più comune in montagna che in pianura. Nidifica nella folta vegetazione delle ripe o nei muri a secco fra i massi. Maschio e femmina sono distinguibili soltanto a un occhio esperto. Si ciba di invertebrati, larve e coleotteri.

La ballerina gialla ha un volo "a festoni" simile a quello della ballerina bianca.

LE PALUDI

Le aree palustri di Nord e Centro Italia erano un tempo ben più estese. Varie opere di bonifica iniziate a fine '800 e terminate a metà '900 hanno pressoché fatto scomparire questa interessante tipologia ambientale.

Le zone umide più importanti dal punto di vista naturalistico sono oggi poste sotto tutela. Restano comunque ambienti dall'equilibrio molto delicato e oggetto di continue attenzioni speculative.

1 airone rosso
2 pendolino
3 beccaccino
4 garzetta
5 sgarza ciuffetto
6 airone cenerino
7 codone
8 marzaiola
9 martin pescatore
10 folaga
11 moretta tabaccata
12 luì piccolo
13 cigno selvatico
14 svasso maggiore
15 moretta codona
16 capinera
17 tuffetto
18 tarabuso
19 basettino
20 cannareccione
21 migliarino di palude
22 gallinella d'acqua
23 porciglione
24 tarabusino
25 voltolino

La tipica vegetazione erbacea delle paludi è costituita da cannuccia di palude (*Phragmites communis*), tifa (*Typha* sp.) e carice (*Carex* sp.). Ai bordi degli specchi d'acqua palustre si possono trovare piccoli boschi igrofili, composti cioè da specie amanti dei terreni umidi, come pioppi, salici, ontani neri e frassini. Altre specie osservabili sono la frangola e la sanguinella.

L'iris giallo (Iris pseudacorus) è uno dei tanti bellissimi fiori che impreziosiscono l'apparentemente inospitale ambiente di palude.

Podiceps cristatus (Uccello dai piedi vicini al sedere - con cresta)

SVASSO MAGGIORE

FAMIGLIA PODICIPEDIDI

♂ = ♀

Cattura piccoli animali acquatici immergendosi anche a notevole profondità.

▶ **Dove osservarlo**

Nidifica ai bordi dei canneti, vicino alle acque aperte, nelle zone umide di tutto il Paese. Preferisce acque dolci e profonde. Sverna in tutta Italia anche nei grandi fiumi e negli specchi d'acqua salmastra. In inverno assume un abito più chiaro.

Una coppia durante la parta nuziale.

▶ **Riproduzione**

L'accoppiamento è preceduto da parate nuziali spettacolari durante le quali gli svassi eseguono una complicata danza ritualizzata, nella quale i partner si offrono cibo e materiale per la costruzione del nido muovendosi in sincronia.

Il nido è costituito da una piattaforma di materiale vegetale fluttuante sull'acqua e non saldamente ancorata: in tal modo esso non viene distrutto in caso di forte moto ondoso. Le uova, covate da entrambi i sessi per un mese scarso, vengono deposte tra maggio e luglio.

In inverno il cigno selvatico talvolta compare lungo il corso di alcuni fiumi friulani.

Il modo di dire "il canto del cigno" è stato ispirato probabilmente da questa specie. Sembra infatti che questo uccello abbattuto in volo da un cacciatore, emetta precipitando un verso melodioso.

Il CIGNO SELVATICO (*Cygnus cygnus*) nidifica nell'Europa nordorientale, in stagni con acque profonde e fitti canneti sulle rive. Occasionalmente, e con un po' di fortuna, potrete vederlo in inverno anche nel Nord Italia. Maschio e femmina sono simili.

Si muove solitario o in gruppo ricercando il cibo con il lungo becco nel fondo melmoso di paludi e campi umidi.

Il BECCACCINO (*Gallinago gallinago*) nidifica nell'Europa settentrionale e, molto raramente, anche in Piemonte e Lombardia ed è in preoccupante calo. Ne è consentita comunque la caccia. È più numeroso nei periodi di passo quando transitano, e sostano nelle zone umide del nostro Paese, le popolazioni che nidificano nell'Est europeo e svernano nell'Africa centrosettentrionale.

Il nido è una semplice depressione, foderata con morbidi vegetali, nascosta da un ciuffo d'erba. Le uova sono deposte agli inizi di aprile e covate solo dalla femmina per una ventina di giorni. I pulcini sono precoci e lasciano il nido non appena hanno il piumino asciutto.

Maschio e femmina sono simili. Si ciba di invertebrati, larve, molluschi e crostacei.

La popolazione di voltolino è certamente sottostimata a causa delle sue abitudini molto elusive.

Il VOLTOLINO (*Porzana porzana*) è un rallide dal comportamento molto riservato e poco conosciuto. Esce allo scoperto, ma è pronto a nascondersi nel folto del canneto al primo segnale di pericolo. È specie stazionaria. Maschio e femmina sono distinguibili soltanto per un occhio esperto. Si ciba di insetti e semi.

La MARZAIOLA (*Anas querquedula*) è un'anatra di superficie piuttosto piccola che si ciba in "upending". Il maschio emette un caratteristico verso simile alla raganella. Il nido è costruito a terra nella vegetazione non molto lontano dalla riva. All'interno è ricoperto di piumino. L'incubazione è effettuata solo dalla femmina. I pulli sono precoci. In Italia nidifica nelle zone umide del Settentrione. Sverna nell'Africa tropicale. Maschio e femmina sono diversi: il maschio in periodo riproduttivo è facilmente riconoscibile per il grande sopracciglio bianco. La femmina ha piumaggio mimetico. Si ciba di insetti, larve e piccoli animali acquatici.

Un maschio di marzaiola e, sotto, l'uovo di questa specie.

46×33 mm

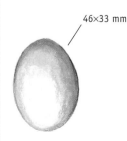

Anas acuta (Anatra - acuta; probabilmente per la forma affilata della coda)

CODONE

FAMIGLIA ANATIDI

Il maschio è inconfondibile. La lunga coda e il collo bianco colpiscono subito l'osservatore. La femmina ha sagoma slanciata.
È oggetto, come gran parte degli anatidi, di una pressione venatoria eccessiva che ne sta riducendo le popolazioni.

♂ = ♀

È un'anatra di superficie che, grazie a un collo particolarmente sviluppato, riesce ad alimentarsi in "upending", raggiungendo la vegetazione del fondo, in acque più profonde di quelle frequentate dalle altre anatre.

▶ **Dove osservarlo**

Nidifica irregolarmente e con un numero limitato di coppie nel nostro Paese. È invece piuttosto numerosa nel periodo di passo autunnale quando attraversa l'Italia per recarsi a svernare nella fascia subsahariana. Molti individui trascorrono l'inverno in Italia in specchi d'acqua poco profondi dell'interno e nelle paludi con acqua salmastra della costa adriatica.

*Femmina di codone
e, sopra, il maschio.*

Gallinula chloropus (Piccola gallina - dalle zampe verdi)

GALLINELLA D'ACQUA

FAMIGLIA RALLIDI

♂ = ♀

È un piccolo rallide con placca frontale rossa e becco rosso con punta gialla. Il corpo bruno-grigiastro è attraversato sul fianco da una striscia bianca. Si sposta con movimenti che ricordano la gallina domestica.
Specie stanziale. Alcune popolazioni effettuano vere migrazioni portandosi in Africa per svernare.

▶ Dove osservarla

Nidifica sulle rive di vari ambienti acquatici, anche se coperte da scarsa vegetazione. Vive anche lungo il corso dei fiumi nelle grandi città.
È specie più guardinga della folaga ed è difficile vederla in acque aperte. Spesso si allontana dall'acqua per nutrirsi in piccoli gruppi sugli argini e nei campi coltivati.

 Si ciba anche di girini.

▶ Riproduzione

La gallinella costruisce nidi nel folto della vegetazione vicina all'acqua. Il nido è ancorato alle piante circostanti e improvvisi innalzamenti del

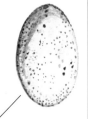

44,5×31,4 mm

livello dell'acqua possono causare la perdita della covata. Nelle vicinanze costruisce altre piattaforme che servono per la sosta dei piccoli e per l'accoppiamento. Effettua due, talvolta tre, deposizioni. Le uova vengono covate da entrambi i sessi per una ventina di giorni. I pulli sono precoci ma restano nel nido alcuni giorni dopo la schiusa.

I pulcini di gallinella d'acqua sono spesso visibili mentre in gruppo seguono un genitore tra la vegetazione acquatica.

Femmina adulta di moretta codona in abito invernale.

Se avete fortuna può capitarvi di contattare la MORETTA CODONA (*Clangula hyemalis*), una bellissima anatra tuffatrice che nidifica nei pressi del Circolo Polare Artico. La moretta codona non disdegna infatti di visitare in inverno gli stagni del Nord e Centro Italia dove staziona per brevi periodi.
Maschio e femmina sono diversi; il maschio ha coda molto lunga. Si ciba di molluschi e crostacei.

Maschio di moretta tabaccata. La femmina ha colorazione di una tonalità meno calda. Notare il sottocoda bianco presente in ambo i sessi.

La MORETTA TABACCATA (*Aythya nyroca*) è abbastanza rara in Italia. È possibile contattarla durante la migrazione tra Est Europa, dove nidifica, e Nord Africa, dove sverna. Poche coppie nidificano in zone umide dell'Emilia Romagna e della Toscana.
Frequenta paludi e stagni con fitta vegetazione ripariale. È specie poco socievole e non forma grandi branchi.
È un'anatra tuffatrice ma si ciba anche in "upending" e in superficie, ricercando vegetali acquatici.

Egretta garzetta
GARZETTA

F<small>AMIGLIA</small> A<small>RDEIDI</small>

♂ = ♀

Una garzetta staziona immobile sulla riva del fiume in attesa che una piccola rana compia un movimento.

In basso, a sinistra: individuo in abito nuziale.

È un airone dal piumaggio candido di dimensioni inferiori a quelle dell'airone cenerino. Ha zampe nerastre e piedi gialli.

▶ Dove osservarla

Nidifica prevalentemente nella Pianura Padana, formando garzaie miste con altri aironi in boschetti, canneti o su alberi isolati. Una piccola parte della popolazione sverna nelle paludi costiere italiane, la maggior parte si sposta in Africa nella cattiva stagione.

Durante la caccia spesso utilizza le ali per eliminare i riflessi di luce sull'acqua. È più mobile degli aironi di dimensioni maggiori e talvolta insegue attivamente la preda.

La decomposizione di particolari penne del corpo della garzetta (come accade anche per altri ardeidi) produce una polvere che sembra avere la funzione di assorbire la bava lasciata sul piumaggio dai pesci predati.

▶ Riproduzione

In periodo riproduttivo gli adulti hanno sul dorso eleganti penne vaporose e una lunga cresta sulla testa (vedi fotografia della pagina a fronte). L'accoppiamento viene preceduto da spettacolari parate nuziali. La deposizione avviene a metà aprile. Le uova sono covate da entrambi i sessi e schiudono dopo 25 giorni circa. I pulli restano nel nido un mese.

Le garzette cacciano talvolta in piccoli gruppi. Si spostano lentamente nell'acqua bassa, smuovendo il fondo con le zampe per fare uscire allo scoperto le prede.

LA RICERCA SCIENTIFICA

In tutte le regioni sono attivi gruppi ornitologici composti da semplici appassionati che nel loro tempo libero raccolgono informazioni sulle specie presenti nei loro territori. Solitamente le attività di questi gruppi sono coordinate da studiosi laureati in scienze naturali o biologiche, e sono finalizzate a una migliore conoscenza e protezione delle specie in pericolo e degli ambienti naturali in cui vivono. I risultati delle ricerche dei gruppi ornitologici vengono pubblicati in bellissimi atlanti che spesso purtroppo non sono reperibili sul mercato. Se desiderate occuparvi più seriamente di ornitologia contattate senza timore queste persone. Gli studiosi hanno sempre bisogno di collaboratori disposti ad aiutarli in tutte le attività che svolgono e per farlo non è necessario aver seguito studi specialistici. Inoltre, di solito, gli ornitologi sono persone gioviali che sanno godere la vita.

La SGARZA CIUFFETTO (*Ardeola ralloides*) è un airone di piccole dimensioni che frequenta zone umide non molto estese con acqua dolce e alberi di salice. Non è molto comune. Negli anni '30 la specie è stata oggetto di pesanti abbattimenti a causa dell'interesse economico che rivestivano le sue penne. Nidifica in garzaie miste con altri aironi nella Pianura Padana e, con contingenti meno numerosi in Toscana, Puglia e Sardegna. Trascorre l'inverno a sud del Sahara. Depone una sola covata per anno. I pulli sono inetti. Le uova sono riscaldate da entrambi i genitori. Maschio e femmina sono simili, ma in periodo riproduttivo il maschio ha lunghe penne ornamentali sul capo. Si ciba di pesci, insetti, anfibi e lombrichi.

La sgarza ciuffetto è un migratore transahariano.

Ardea cinerea (Nome latino della specie - color cenere)

AIRONE CENERINO

FAMIGLIA ARDEIDI

▶ Dove osservarlo

Nidifica in garzaie miste con altri ardeidi nell'Italia settentrionale. Durante l'inverno è presente anche nelle zone umide costiere del Sud e della Sardegna.

È il più grande ardeide europeo. Notevolmente più chiaro dell'airone rosso. L'airone cenerino frequenta tutti gli ambienti acquatici dotati di acque basse e calme.

♂ = ♀

Un immaturo al secondo anno di vita.

È un micidiale cacciatore di pesci, che cattura camminando lentamente o rimanendo in agguato immobile. Per questo, anche se è tutelato dalla legge italiana, viene abbattuto più o meno clandestinamente nelle vicinanze degli allevamenti ittici.

*La sagoma
tipica di un airone
cenerino in volo, con
il collo incassato tra le spalle
e le zampe completamente tese all'indietro.*

▶ Riproduzione

I nidi sono costruiti sugli alberi a una certa altezza da terra. Si tratta di piattaforme composte da piccoli rami che vengono riutilizzate negli anni successivi. Maschio e femmina, quando si incontrano al nido, battono assieme i becchi producendo un intenso rumore. Le uova sono deposte tra febbraio e marzo a intervalli di 2 giorni l'una dall'altra e covate per 25 giorni circa.

I piccoli nascono inetti e sono nutriti da entrambi i genitori.

Il MIGLIARINO DI PALUDE (*Emberiza schoeniclus*) è un piccolo uccello simile a un passero con timoniere esterne bianche. Nidifica nei canneti e tra la vegetazione arbustiva sugli argini della palude. Da noi è stanziale una sottospecie con becco robusto. In inverno gli individui nidificanti in Italia vengono raggiunti da migliarini che nidificano nel Nordest europeo, dotati di un becco più sottile.
Maschio e femmina sono facilmente riconoscibili. Si ciba di semi, cereali, ragni, insetti, larve, molluschi, crostacei.

*Maschio di migliarino
di palude: in primavera,
l'abrasione delle punte delle
penne del capo fa apparire
un cappuccio nero sulla sua
testa; esso scompare con
la muta autunnale.*

Alcedo atthis ("Alcedo" nome latino della specie - amante di Saffo)

MARTIN PESCATORE

FAMIGLIA ALCEDINIDI

♂ ≠ ♀

femmina

Solo un occhio esperto riesce a distinguere tra maschio e femmina di martin pescatore in natura. Se riuscite a scorgerne la mandibola inferiore vi potrà essere utile sapere che nel maschio è di colore nerastro, mentre nella femmina è per due terzi arancio.

Gli studiosi possono determinare la dieta seguita da questa specie analizzando il contenuto dei rigetti, biancastri e fragili. Si nutre anche di girini.

maschio

Il martin pescatore, appostato su un ramo che domina l'acqua poco profonda, è pronto a tuffarsi per catturare un ignaro pesciolino. Questa specie è abile nel correggere l'effetto ottico causato dalla rifrazione e a individuare l'esatta posizione della preda sott'acqua.
Quando una superficie d'acqua è gelata, il martin sa approfittare di ogni piccola spaccatura per immergersi e cacciare sotto il ghiaccio.

▶ Dove osservarlo

Specie stanziale, nidifica sulle rive di laghi, fiumi e torrenti anche di piccola portata, paludi e lagune costiere.

Emette un caratteristico trillo, soprattutto mentre si sposta volando basso sull'acqua da una zona all'altra del suo territorio, dal quale tiene lontani i conspecifici.

▶ Riproduzione

Le coppie si formano a fine inverno e in questo periodo compiono parate nuziali volando assieme e offrendosi piccoli pesci che tengono saldi nel becco. Il nido è una galleria scavata in una scarpata sabbiosa o argillosa in fondo alla quale vengono deposte le uova. I giovani, scacciati dal territorio dei genitori non appena sono in grado di alimentarsi autonomamente, compiono erratismi di notevole estensione (un individuo inanellato in Polonia è stato trovato morto in riva al fiume Adige nel Veneto).

Maschio di cannareccione mentre canta e, sotto, un nido di questa specie.

È facile notare la presenza del CANNAREC-CIONE (*Acrocephalus arundinaceus*) nei canneti quando, tra aprile e luglio, emette il suo verso gracchiante e ripetitivo dalla cima di una canna palustre. Per alimentarsi si sposta spesso in zone anche lontane dai canneti. A fine estate migra in Africa a sud del Sahara.

Il nido è costruito con vegetali acquatici che avviluppano 4-5 steli di canna. Covano entrambi i genitori.

Maschio e femmina sono simili. Si ciba di insetti, larve, piccoli animali acquatici e bacche.

Ixobrychus minutus (Che urla - di piccole dimensioni)

TARABUSINO

FAMIGLIA ARDEIDI

♂ ≠ ♀

▶ Dove osservarlo

Nidifica in canneti e saliceti folti ai bordi di zone umide anche di ridotte dimensioni e delle risaie. Non forma colonie ma difende un territorio.

A fine estate migra spostandosi in Africa centrorientale, dove trascorre l'inverno.

Maschio adulto. Il tarabusino, che solitamente resta nel folto del canneto, effettua in periodo riproduttivo strane danze avvitandosi su se stesso su posatoi molto visibili.

I tarabusini catturati dagli ina-nellatori una volta liberati re-stano spesso per lungo tempo in posizione "mimetica", con il collo allungato verso l'alto, senza rendersi conto di essere totalmente visibili.

Giovane tarabusino su una tifa. Questi ardeidi spesso si arrampicano sulla vegetazione.

▶ Riproduzione

Il nido del tarabusino viene costruito con pezzi di canna palustre, formando una piattaforma spessa una ventina di centimetri. Le uova sono covate da entrambi i genitori per 15-20 giorni. I pulli nascono inetti e s'involano dopo un mese.

Confronto tra testa di tuffetto (in alto) e di svasso piccolo (in basso) in abito invernale. In quest'ultimo la colorazione scura del capo scende fin sotto l'occhio.

Sotto: adulto di tuffetto in cova sul nido. Innalzamenti improvvisi del livello delle acque possono causare la perdita delle uova, poiché il nido non è fluttuante ma ancorato saldamente alla vegetazione.

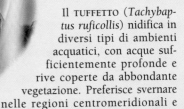

Il TUFFETTO (*Tachybaptus ruficollis*) nidifica in diversi tipi di ambienti acquatici, con acque sufficientemente profonde e rive coperte da abbondante vegetazione. Preferisce svernare nelle regioni centromeridionali e nelle lagune costiere dell'Adriatico. I suoi contingenti durante l'inverno vengono rinforzati da popolazioni del Nordeuropa.
È un buon tuffatore, come tutti gli svassi; si ciba infatti di crostacei, piccoli pesci, insetti acquatici e molluschi. Maschio e femmina sono simili.

Il nome comune del basettino viene ispirato dalle lunghe basette nere del maschio. La femmina è priva dei mustacchi e del sottocoda neri.

Uno dei più eleganti passeriformi presenti in Italia è il BASETTINO (*Panurus biarmicus*), che compare in Italia con due razze: una prevalentemente insettivora e sedentaria, l'altra granivora, che tende a compiere migrazioni verso l'Est europeo. Frequenta le aree palustri dotate di canneti anche discontinui, attraverso i quali i membri della famiglia si spostano emettendo continui versi di contatto. Effettua 2-3 deposizioni all'anno.
Maschio e femmina sono diversi. Nella buona stagione si ciba di insetti; in inverno, ingerendo delle pietruzze che hanno la funzione di sminuzzare i semi, passa a una dieta vegetariana.

17,5
×14 mm

I CAMPI UMIDI

Zone umide che non possono essere classificate come paludi, ma che presentano anch'esse interessanti specie di uccelli che le popolano, sono i cosiddetti "campi umidi". I terreni di recente bonifica coltivati in forma intensiva e le risaie vengono per un certo periodo dell'anno coperti da un sottile velo d'acqua. Molti limicoli li frequentano durante i passi, ricercando nella fanghiglia cibo con i loro lunghi becchi.

Sui campi umidi, per esempio, è facile osservare la **CUTRETTOLA** (Motacilla flava; in alto a destra), piccolo uccello che può essere confuso con la ballerina gialla. Quest'ultima ha però la coda più lunga. In Italia nidifica la sottospecie capocenerino. Il maschio è simile alla femmina. Si ciba di insetti, larve e ragni.

Alcune delle specie che popolano i campi umidi, come per esempio il cavaliere d'Italia (a sinistra), celano il loro nido tra i resti delle coltivazioni dell'annata precedente.

Il **CAVALIERE D'ITALIA** (Himantopus himantopus) nidifica in tutta Italia in acquitrini con acque salmastre e in aree interne di recente bonifica. La popolazione sembra in aumento. Sverna in Africa a sud del Sahara.

Maschio e femmina sono distinguibili a un occhio esperto. Si ciba di invertebrati.

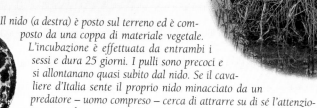

Il nido (a destra) è posto sul terreno ed è composto da una coppa di materiale vegetale. L'incubazione è effettuata da entrambi i sessi e dura 25 giorni. I pulli sono precoci e si allontanano quasi subito dal nido. Se il cavaliere d'Italia sente il proprio nido minacciato da un predatore – uomo compreso – cerca di attrarre su di sé l'attenzione emettendo rumorosi richiami, fingendosi ferito o volando in cerchio a bassa quota attorno all'intruso.

44×31 mm

La **PAVONCELLA** (Vanellus vanellus; a sinistra) nidifica nelle regioni settentrionali, formando spesso delle piccole colonie. In autunno e in inverno forma grandi stormi che, se non disturbati, stazionano su terreni umidi alla ricerca di invertebrati. In volo si notano le ali di grosse dimensioni rispetto al corpo.

A terra la tipica cresta è caratteristica che la contraddistingue. Nidifica in una depressione, che ricava sfregando il corpo sul terreno soffice e che poi imbottisce con materiali vegetali. Effettua una sola covata, con eventuali deposizioni di sostituzione. Le uova vengono accudite da entrambi i sessi per 25 giorni circa. I pulcini sono precoci e seguono i genitori quasi immediatamente.

Maschio e femmina sono distinguibili soltanto a un occhio esperto. Si ciba di insetti, larve, invertebrati e vegetali.

La **CICOGNA BIANCA** (Ciconia ciconia; sopra) in Italia nidifica con poche coppie in Piemonte. Vari tentativi di reintroduzione sono in atto nel Nord Italia. Sverna nel sud dell'Africa. Individui solitari o piccoli gruppi di questo grande e ben conosciuto trampoliere possono sostare per brevi periodi anche nelle nostre campagne durante il passo primaverile. Nell'Est Europa è abbastanza comune e nidifica anche sui tetti dei fabbricati anche nelle città. Non teme l'uomo.

Maschio e femmina sono simili. Si nutre di pesci, micromammiferi, anfibi e insetti, rettili e piccoli uccelli.

La **NITTICORA** (Nycticorax nycticorax; sotto) è l'airone più comune nel nostro Paese, facilmente riconoscibile per il vertice del capo e il dorso neri; caratteristica è anche la lunga cresta. Ha abitudini prevalentemente notturne e nel buio è distinguibile per il richiamo emesso in volo. Nidifica nelle zone umide della Pianura Padana e in poche altre località del Centro e del Sud, spesso assieme ad altri aironi, in garzaie miste che si formano in ontaneti e saliceti all'interno di acquitrini. Sverna in Africa centrale, ma pochi nuclei rimangono in Italia anche durante l'inverno.

Il nido è un ammasso di rami intrecciati che posa su una biforcazione. Le uova vengono covate da entrambi i genitori. I pulli sono inetti e solo dopo una quarantina di giorni iniziano a seguire in volo i genitori verso le zone di alimentazione – che possono essere lontane dalla colonia anche alcuni chilometri. Il maschio è simile alla femmina.

Si nutre di larve, piccoli pesci, insetti e anfibi. Anche se protetta dalla legge italiana questa specie è oggetto di persecuzione per i presunti danni che arreca agli allevamenti ittici.

LAGUNE E COSTE

Le **lagune** sono ambienti umidi che si formano in prossimità dei punti d'incontro tra i fiumi e il mare, alle spalle di dune costiere. In questi estesi specchi d'acqua confluiscono le acque dolci dei fiumi e, attraverso alcune "bocche", le acque salate del mare.

L'apporto continuo di detriti da parte dei corsi d'acqua causa la progressiva chiusura delle bocche che danno accesso all'acqua marina. Col tempo si possono quindi formare **laghi retrodunali** che perdono progressivamente il loro carattere salmastro.

La vegetazione delle **barene** – dossi sabbiosi che emergono dalle acque della laguna – è caratterizzata da *Spartina stricta*, limonium e salicornia nei punti ove il terreno è sommerso per metà del tempo; da limonium, *Salicornia fruticosa*, *Juncus maritimus* ove il ter-

reno è coperto per un decimo del tempo; da *Artemisia coerulescens* in punti ove le maree arrivano eccezionalmente.

Ambienti "marini" che si contraddistinguono in modo particolare sono sicuramente le aree abbandonate delle **saline**, zone in cui è possibile osservare un'interessante avifauna acquatica. Le saline di maggiore importanza naturalistica sono quelle di Margherita di Savoia (Puglia), di Cervia e di Comacchio (Emilia Romagna), di Macchiareddu (Sardegna).

Anche lungo le **coste rocciose** che si affacciano al mare nidificano specie di uccelli piuttosto rare, come il falco pellegrino, il falco della regina, il marangone dal ciuffo e il grifone. In **mare aperto** fanno la loro sporadica comparsa specie nidificanti nell'Europa settentrionale come la sula, il mugnaiaccio e il pulcinella di mare.

1 svasso piccolo
2 avocetta
3 quattrocchi
4 corriere grosso
5 volpoca
6 fenicottero
7 sterna comune
8 beccaccia di mare
9 gabbiano reale
10 sula

Phoenicopterus ruber

FENICOTTERO

FAMIGLIA FENICOTTERIDI

♂ = ♀

▶ Dove osservarlo

È presente tutto l'anno negli stagni salmastri della Sardegna con individui di passo, svernanti ed estivanti. Dopo ripetuti tentativi ha recentemente nidificato nello stagno di Molentargius. Nei periodi di passo è presente anche nelle saline di Stato dell'Isola di San Pietro e nel lago di Burano.

I fenicotteri sono piuttosto avvicinabili nelle zone umide confinanti con centri urbani mentre vengono assaliti da improvvisi attacchi di panico alla vista dell'uomo quando stazionano in grandi stormi in zone più tranquille.

Il fenicottero si alimenta camminando lentamente nell'acqua bassa, con il capo immerso vicino ai piedi. L'acqua fatta penetrare nel becco viene espulsa e filtrata attraverso apposite lamelle, che trattengono gli elementi nutritivi. È molto sensibile all'inquinamento delle acque che frequenta.

▶ Riproduzione

In periodo riproduttivo gli accoppiamenti vengono preceduti da brevi cerimonie durante le quali i fenicotteri cercano di attrarre le femmine drizzando le vaporose penne dorsali.

Nidifica con regolarità in poche località affacciate sul Mediterraneo. La più vicina è la Camargue, nel sud della Francia. I nidi sono costruiti molto vicini l'uno all'altro (vedi disegno a lato) in colonie numerose poste su isolotti fangosi in acque basse a livello stabile. I piccoli lasciano il nido una decina di giorni dopo la schiusa e formano grandi gruppi sorvegliati da alcuni adulti.

L'AVOCETTA (*Recurvirostra avosetta*) è inconfondibile per il colore bianco e nero, le lunghe zampe e soprattutto per il lungo becco con punta decisamente rivolta verso l'alto.

Nidifica negli stagni della Sardegna e nelle lagune dell'alto Adriatico. È molto aggressiva nei confronti degli intrusi che si avvicinano al nido.

Maschio e femmina sono diversi. Si ciba di larve, crostacei, coleotteri e molluschi.

corriere grosso

corriere piccolo

Nelle zone umide costiere del nostro Paese, durante i passi (a metà maggio e da metà agosto a metà settembre), è possibile osservare il CORRIERE GROSSO (*Charadrius hiaticula*). Nidifica nel Nord Europa e sverna in Africa, a sud del Sahara. Le segnalazioni del passato, di nidificazioni nel delta del Po e nelle lagune dell'alto Adriatico, non sono state sufficientemente documentate e si riferivano probabilmente a specie affini.

Maschio e femmina sono simili. Si nutre di coleotteri, crostacei, molluschi.

fratino

Sterna hirundo (Dall'inglese antico - "rondine" dal latino, per la forma della coda)

STERNA COMUNE

FAMIGLIA STERNIDI

♂ = ♀

▶ **Dove osservarla**

Nidificante nel Nord Italia e in Sardegna. Più facilmente osservabile in vicinanza del mare durante i passi migratori primaverili e autunnali. Trascorre l'inverno sulle coste del centro e sudovest dell'Africa.

41,5×30,5 mm

▶ **Riproduzione**

La sterna comune nidifica in colonie, su terreni sabbiosi o ghiaiosi lungo il fiume Po, e in aree umide costiere con acqua salmastra. Il nido consiste in una buca di 20 cm di diametro, scavata da entrambi i partner; può essere privo di materiale o guarnito da vegetali.

Le uova, deposte a fine maggio, vengono covate per una ventina di giorni prevalentemente dalla femmina. I pulli, semiprecoci alla nascita, lasciano il nido dopo pochi giorni e sono già in grado di nuotare.

La sterna difende il nido compiendo temibili picchiate sugli intrusi e assestando loro colpi di becco.

Caccia perlustrando in volo gli specchi d'acqua osservandone attentamente la superficie. Una volta avvistata la preda, si arresta in una specie di "spirito santo" e si tuffa dall'alto, afferrandola con il becco.

Il becco rossastro con punta nera è una delle caratteristiche più evidenti della sterna comune.

LO SVASSO PICCOLO (*Podiceps nigricollis*) nidifica nel folto della vegetazione ripariale degli specchi d'acqua dolce, su una piattaforma galleggiante ancorata. È assai raro in Italia come nidificante.
Maschio è femmina sono simili. Si ciba di piccoli pesci, larve, insetti acquatici, molluschi, crostacei. Spesso rimane impigliato nelle reti da pesca mentre caccia in immersione.

Lo svasso piccolo, quando si allontana dal nido copre la covata con materiale vegetale, il quale assorbe le radiazioni del sole trasmettendo calore alle uova.

Grazie alla conformazione del becco, la beccaccia di mare riesce con facilità ad aprire le conchiglie dei molluschi.

Talvolta, tutte le sterne nidificanti in una colonia – senza apparente motivo – si alzano improvvisamente in volo e iniziano a volare in cerchio sui nidi, in silenzio o emettendo rumorosi richiami. Tale comportamento viene definito "panico".

La BECCACCIA DI MARE (*Haematopus ostralegus*) è facilmente riconoscibile per le grandi dimensioni, il lungo becco rossastro e il corpo bianco e nero.
È in declino come nidificante a causa dello sfruttamento turistico delle coste adriatiche. Depone le uova in un piccolo affossamento su spiagge sabbiose o ghiaiose, sui greti dei fiumi o nelle lagune. I pulli sono precoci e rimangono nel nido solo 1 o 2 giorni.
Maschio è femmina sono simili. Si ciba di molluschi.

La SULA (*Sula bassana*) è uno splendido uccello marino, che nidifica nell'Europa nordoccidentale e visita occasionalmente il nostro Paese, soprattutto in inverno, restando in mare aperto o vicino alle coste. È stato osservato nel mar Ligure, nell'alto Adriatico e al largo della Sardegna e della Toscana.

È abile volatore e grazie alle ampie ali può sfruttare le correnti termiche con volo planato. Si ciba di pesci, che cattura tuffandosi ad ali chiuse anche da altezze di parecchi metri. Maschio e femmina sono simili.

La sula in volo possiede una sagoma – ali lunghe e strette, coda a punta e grosso becco – facilmente riconoscibile.

Maschio di quattrocchi.

Il nome comune italiano del QUATTROCCHI (*Bucephala clangula*) è stato ispirato dalla presenza di una macchia bianca vicina all'occhio presente solo nel maschio; con un po' di fantasia, essa fa sembrare questa specie dotata appunto di quattro occhi. La femmina ha corpo scuro bluastro con collarino bianco e capo marrone cupo. Nidifica nella Penisola Scandinava e nell'ex Unione Sovietica. In inverno e durante i passi è possibile osservarlo in gruppi che solitamente non si mischiano alle altre specie.

Si ciba di molluschi, crostacei, larve, radici, tuberi e semi.

Larus argentatus (Rapace marino - coperto d'argento)

GABBIANO REALE

FAMIGLIA LARIDI

♂ = ♀

Il gabbiano reale, come altri laridi, attrae in superficie i vermi tamburreggiando con le zampe sul terreno soffice allo scopo di imitare le vibrazioni e il rumore prodotti dalle gocce di pioggia.

Gli adulti hanno corpo massiccio di colore grigio chiaro e capo bianco. Il becco giallastro presenta vicino alla punta una macchia rossa che i pulli beccano per stimolare i genitori a rigettare il cibo.

▶ Dove osservarlo

Specie stanziale che nidifica lungo le coste della Penisola e delle Isole. Una colonia si riproduce anche sul lago di Garda e, in inverno, è presente in alcune zone dell'interno.

▶ Riproduzione

Il nido è un voluminoso cumulo di materiale vegetale costruito spesso su pareti rocciose a picco sul mare. Gli immaturi di gabbiano reale assumono l'abito da adulto solo dopo tre anni. Nel frattempo presentano un piumaggio grigio e brunastro e il becco scuro.

Può essere definito uno "spazzino" delle coste. È infatti onnivoro e si nutre di rifiuti, carogne e prede vive, tra cui piccoli di altre specie. È presente numeroso anche nelle discariche assieme al gabbiano comune.

Due esemplari adulti di gabbiano reale e, sopra, un giovane con il tipico piumaggio brunastro.

CAMPAGNE, SIEPI E COLLINE

Nelle **siepi** gli uccelli trovano riparo dai predatori e dalle avverse condizioni atmosferiche. Vi costruiscono il nido e trovano i frutti, i semi e gli insetti dei quali si cibano. Nelle aree dove vengono attuate pratiche agricole moderne questo tipo di vegetazione è quasi del tutto scomparso. Si sta ora tentando di sensibilizzare gli agricoltori al fine di fare ripristinare questi ripari naturali, che assolvono anche la funzione di schermi per le coltivazioni contro l'azione essiccante dei venti. Biancospino e prugnolo formano spesso

1 storno	11 averla piccola
2 verdone	12 starna
3 barbagianni	13 occhiocotto
4 passera d'Italia	14 cardellino
5 rondine	15 merlo
6 codirosso	16 fagiano
7 piccione domestico	17 torcicollo
8 civetta	18 scricciolo
9 passera mattugia	19 pernice rossa
10 gazza	

barriere impenetrabili nelle quali tordi e capinere si riproducono. Il **rovo** ospita spesso nidi di merlo e scricciolo; con i suoi frutti, le more, rappresenta una fonte di sostentamento per molte specie.

I **fabbricati rurali** offrono ospitalità a diverse specie di uccelli e mammiferi. Barbagianni e pipistrelli possono riprodursi nelle intercapedini vicine al tetto; le rondini costruiscono i loro nidi di fango sotto i vecchi portici o nelle stalle. Il codirosso nidifica nelle crepe dei muri. Sui filari di pioppi o cipressi piantati vicino alle cascine si formano i dormitori (*roost* in inglese) di storni e passeri.

Presente nell'Italia settentrionale solo lungo i litorali della Liguria e in alcune zone con microclimi particolarmente miti, la **macchia mediterranea** si estende nelle regioni del Centro e Sud dal livello del mare fino ai 900 metri di quota. Si tratta di una formazione arbustiva tipica dell'area mediterranea. Ne fanno parte il mirto, l'oleandro, il lentisco, il terebinto e altre essenze.

Le **leccete** – macchia arborea nelle quali la specie dominante è il leccio, una quercia a foglie sempreverdi – sono diffuse anche in zone dell'interno dell'Italia settentrionale.

Phasianus colchicus
FAGIANO
FAMIGLIA FASIANIDI

♂ ≠ ♀

Se costretto dalle condizioni meteorologiche proibitive, il fagiano può restare senza cibo per due settimane, sfruttando il grasso corporeo.

▶ **Dove osservarlo**

È una specie stanziale che, grazie alla sua adattabilità, vive in tutti i tipi di ambiente, a eccezione delle zone di montagna. In Italia ha popolazioni stabili allo stato naturale esclusivamente all'interno di aree protette. Nei territori aperti alla caccia, infatti, praticamente tutti gli individui vengono sterminati e rimpiazzati con massicci ripopolamenti effettuati dalle amministrazioni pubbliche e dai cacciatori, anche durante la stagione venatoria. Gli animali liberati hanno una aspettativa di vita molto limitata, essendo praticamente domestici, cioè dipendono dall'uomo per l'alimentazione e non hanno appreso nessun comportamento difensivo nei confronti dei predatori.

Il fagiano maschio è provvisto sul tarso di uno sperone che usa nei combattimenti territoriali. Con esso può infliggere profonde ferite.

Gli occhi del maschio sono circondati da un'area sprovvista di penne con caruncole, di colore rosso vermiglio. Il piumaggio del corpo ha colori molto vivaci, dai riflessi metallici. La coda può misurare fino a 50 cm.

▶ Riproduzione

Il maschio nel periodo riproduttivo difende un territorio e si accoppia con più femmine senza partecipare alla cova e all'allevamento della prole. Dal mese di aprile è possibile udire il suo canto, un rapido «... co-co... co-co...» accompagnato spesso da un rumoroso frullio di ali.
Le uova vengono deposte al riparo di un cespuglio, in una piccola depressione foderata con un po' di materiale vegetale.

Le uova hanno dimensioni piuttosto variabili.
44×36,5 mm di media

I pulli sono precoci e seguono la madre subito dopo la nascita formando piccole brigate che tentano di sfuggire ai predatori pedinando nella vegetazione piuttosto che alzandosi in volo.

A lato: la femmina ha piumaggio mimetico che l'aiuta a nascondersi alla vista dei predatori mentre cova le uova.

Le piume nere della gazza assumono a volte riflessi metallici.

La GAZZA (*Pica pica*) è un corvide facilmente riconoscibile per il piumaggio bianco e nero e la lunga coda.
È specie stanziale contattabile in tutto il Paese, con esclusione della Sardegna e delle zone montuose elevate (in Piemonte tuttavia nidifica fino a 2.050 m di quota). Preferisce le aree coltivate aperte con filari di alberi e piccoli boschi. Il nido, spesso visibile a distanza, viene costruito da entrambi i partner su alberi piuttosto alti.
Maschio e femmina sono simili. Onnivoro, si ciba di insetti, rifiuti e carogne, piccoli rettili, invertebrati e frutta.

Jynx torquilla (Nome in antico greco della specie - che si contorce)

TORCICOLLO

FAMIGLIA PICIDI

♂ = ♀

Viene indicata come specie nidificante e migratrice, svernante in Africa e Sud Italia. Recenti catture in Settentrione, nei mesi di novembre e gennaio, potrebbero far sorgere dubbi sul reale comportamento migratorio di questa specie.

Preda gli insetti nascosti nelle fessure delle cortecce. Ricerca prevalentemente formiche che cattura sugli alberi e direttamente sui formicai con la lingua lunga e appiccicosa.

▶ Dove osservarlo

Nei boschi radi di collina e nei frutteti di pianura, durante il periodo riproduttivo, il torcicollo fa sentire il suo canto – un «... pai... pai... pai...» veloce e ripetuto. È molto difficile scorgerlo in quanto ha piumaggio mimetico, simile a quello del succiacapre e dell'allocco, e resta spesso nel folto della vegetazione.

Appartiene alla stessa famiglia dei picchi, pur presentando caratteristiche fisiche atipiche: non scava da solo il nido ma depone le uova in cavità già esistenti. La coda, che non è formata da penne rigide, non lo sorregge e quindi non può arrampicarsi verticalmente sui tronchi. Inoltre, al contrario degli altri picchi, non tamburreggia.

Se minacciato, il torcicollo per difender-
si rizza le penne sulla testa e torce il
collo, mimando i movimenti di un serpente.

▶ Riproduzione

La nidificazione avviene in cavità naturali degli alberi, dall'accesso piuttosto angusto e prive di rivesti-
mento interno. Le uova, come quelle di tutti i picidi,
sono di colore biancastro. L'incubazione viene effettuata prevalentemente dalla femmina e si protrae per
14 giorni circa. I piccoli, che nascono inetti e vengono accuditi da entrambi i genitori, si involano dopo
una ventina di giorni.

*La passera
scopaiola si nutre
di semi, bacche
e invertebrati.*

La PASSERA SCOPAIOLA (*Prunella
modularis*) è una specie sedentaria, con individui nordici che dal
tardo autunno rafforzano le popolazioni italiane o attraversano il nostro Paese in migrazione. In tale periodo è molto comune nelle campagne ricche
di siepi. Nidifica in montagna, al margine dei
boschi disetanei, tra i 1.000 e 2.000 m di quota. Il suo nido viene
spesso parassitato dal cuculo che vi depone le uova: pur avendo queste dimensioni e colorazione molto diverse, vengono comunque covate dalla passera scopaiola.

Le popolazioni del CODIROSSO (*Phoenicurus
phoenicurus*) hanno sofferto in passato di una
forte diminuzione a causa della siccità, che
ha colpito le loro zone di svernamento a
sud del Sahara.
Nidifica in tutta Italia in piccole cavità
tra i massi o nelle fessure dei muri. Si è
adattato a vivere anche nei parchi urbani e nei giardini, dove occupa spesso le cassette-nido.
Maschio e femmina sono facilmente
distinguibili. Si ciba di insetti.

*Maschio di codirosso.
La femmina ha colore
bruno uniforme
e coda rossiccia come
quella del maschio.*

Sturnus vulgaris (Storno - comune, dal latino)

STORNO

FAMIGLIA STURNIDI

♂ ≠ ♀

solo a un occhio esperto

▶ Dove osservarlo

Specie sedentaria in tutto il Paese. Al di fuori del periodo riproduttivo, forma grandi stormi che perlustrano i prati – soprattutto quelli concimati da poco – alla ricerca di cibo. Il canto è una serie di suoni metallici, mista a imitazioni grossolane di canti di altre specie. Provoca spesso ingenti danni alle colture, soprattutto ai frutteti. Ciò spinge gli enti pubblici competenti – come succede per piccioni domestici e passeri – a intraprendere campagne di controllo numerico di questa specie.

▶ Riproduzione

Nella stagione riproduttiva si spinge anche oltre i 1.500 m di quota, alla ricerca di siti idonei alla nidificazione. Il nido è costituito da una piattaforma piuttosto rozza di pagliuzze, rametti e piume. Spesso nidifica in colonie sotto vecchi tetti o in fessure nei muri. In questo periodo è facile vederlo in volo mentre trasporta materiale per la costruzione del nido, o grossi vermi per i piccoli.

Le uova sono covate durante il giorno da entrambi i genitori, e di notte esclusivamente dalla femmina. L'incubazione dura una quindicina di giorni. I pulli nascono inetti e s'involano dopo 20 giorni circa. Spesso si hanno due deposizioni.

I branchi di storni subito dopo la riproduzione – spesso quando ancora i pulli si trovano nel nido – sul far della sera abbandonano le zone di pastura e si dirigono verso dormitori che restano gli stessi per molti anni. Questi dormitori possono essere grandi alberi, canneti, tetti di case, porticati di cascine. Se riuscite a individuarne uno, una sera appostatevi nelle sue vicinanze per ammirare lo spettacolo del continuo arrivo di centinaia di gruppi di storni. A ogni nuovo arrivo sentirete il loro vociare, quasi assordante, aumentare a causa dei litigi per accaparrarsi le posizioni migliori.

All'alba, quando tutti gli uccelli si allontanano contemporaneamente, il rumore provocato dal battito delle ali è tale da essere udito a centinaia di metri di distanza. Per chi ama la natura è veramente uno spettacolo da non perdere.

Gli storni amano concedersi bagni di fumo: si appostano sui tetti vicino a un camino e affumicano le penne, probabilmente per eliminare i parassiti.

La striscia scura sul retro del collo è caratteristica evidente del piumaggio della tortora dal collare orientale.

La TORTORA DAL COLLARE ORIENTALE (*Streptopelia decaocto*) è presente come nidificante e stanziale nell'Italia settentrionale e, fuori dal periodo riproduttivo, anche in Centro Italia.

È una specie di recente comparsa, considerato che i primi avvistamenti datano al 1944. Vive nelle vicinanze degli insediamenti umani, nei giardini e nei parchi urbani.

Maschio e femmina sono uguali. Si ciba di semi, bacche, vegetali.

Tyto alba (Nome greco della specie - bianco)

BARBAGIANNI

FAMIGLIA TITONIDI

Le prede preferite sono arvicole, insettivori, *Apodemus*.

♂ = ♀

Il barbagianni localizza le prede con precisione anche in condizioni di buio totale. Le piume della parte anteriore del capo formano un disco che focalizza i rumori verso le aperture auricolari dell'animale.

Specie stanziale, con parti superiori del piumaggio giallo-aranciate, più chiare degli altri rapaci notturni, e parti inferiori dal colore bianco candido.
Al contrario degli altri strigiformi, non emette alcun canto. Solo se disturbato risponde con un verso stridente, allo scopo di intimidire l'intruso.

Se, ispezionando vecchi fabbricati, scoprite il nido o un dormitorio di un barbagianni troverete cumuli di borre sotto il posatoio abituale dell'animale. Sciogliendo in acqua le borre compariranno le ossa delle prede.
L'esame dei crani e delle mascelle rinvenuti vi permetterà, con l'aiuto di un buon manuale di riconoscimento dei micromammiferi, di risalire alle specie predate.

▶ Riproduzione

Nidifica nelle intercapedini dei vecchi fabbricati rurali, ma anche nei capannoni industriali. Le moderne tecniche di costruzione privano questi animali dei luoghi idonei per nidificare. Depone le uova su un tappeto formato da borre sminuzzate. Cova soltanto la femmina, che viene nutrita dal maschio. I pulli nascono inetti dopo un mese circa. Riescono a volare 2 mesi dopo la schiusa. I giovani possono compiere lunghi erratismi.

pernice rossa

*Pernice rossa e coturnice
sono specie piuttosto simili.*

coturnice

La PERNICE ROSSA (*Alectoris rufa*) è presente sugli Appennini; sull'isola d'Elba resistono ancora alcune popolazioni naturali di questa specie. Frequenta terreni collinari aridi e cespugliosi, coltivazioni di cereali ed erba medica intervallate da siepi. Nidifica in una piccola depressione al riparo di un cespuglio. I pulli abbandonano subito il nido. In caso di pericolo preferisce allontanarsi pedinando e abbassando il corpo. Ingenti quantitativi di animali d'allevamento vengono ogni anno liberati dai cacciatori a fini venatori. Maschio e femmina sono uguali. Si ciba di insetti, ragni, vegetali, semi.

*Un esemplare di starna appena
liberato da un allevamento.*

La STARNA (*Perdix perdix*) è un galliforme le cui popolazioni naturali sono praticamente estinte in Italia a causa delle pratiche agricole moderne, della distruzione delle siepi e di una caccia spietata. Numerosi sono i ripopolamenti effettuati a scopo venatorio con individui inadatti alla vita in libertà.

Maschio e femmina sono simili, ma il primo ha una macchia scura sul petto di dimensioni superiori a quella della femmina. Si ciba di semi, cereali, frutta, insetti e ragni.

Passer italiae

PASSERA D'ITALIA

FAMIGLIA PASSERIDI

♂ ≠ ♀

I sessi sono facilmente distinguibili. Il maschio (fotografia a lato) ha vertice e nuca color marrone bruciato; la guancia è color bianco sporco senza macchia nera. La femmina e il giovane sono di colore bruno grigiastro uniforme. Nelle vallate alpine è presente anche la **passera europea** (*P. domesticus*), con vertice grigio cenere anziché marrone bruciato.

È molto sociale e vive sempre nelle vicinanze dell'uomo in colonie numerose. Ha un alto tasso di mortalità.

È specie onnivora. Per gran parte dell'anno si nutre di semi e cereali. Nel periodo dell'allevamento dei piccoli preda insetti, ragni e lombrichi.

▶ Riproduzione

I nidi vengono costruiti sotto le tegole dei tetti. Sono coppe di materiale vegetale foderate con piume. Alla cova e all'allevamento dei pulli partecipano entrambi i sessi. Solitamente vengono deposte tre covate.

A destra: due passere mattugie su un ramo.

A sinistra: femmina e maschio di passera d'Italia al bagno.

La PASSERA MATTUGIA (*Passer montanus*) si differenzia dalla passera d'Italia per il collarino bianco che si estende sulla nuca, la macchia nera sul bianco delle guance, il nero del mento che non arriva al petto e la doppia banda alare bianca. I giovani, dopo la muta di fine estate, sono indistinguibili dai genitori. È molto comune nelle campagne, ove nidifica in cavità negli alberi e sugli edifici. Maschio e femmina sono simili. Si ciba di semi, insetti, larve.

Athene noctua (da Atena, dea della saggezza a cui l'uccello era consacrato)

CIVETTA

FAMIGLIA STRIGIDI

Di dimensioni inferiori al gufo ma leggermente superiori a quelle di un assiolo, è uno dei rapaci notturni più comuni. È priva di ciuffi auricolari. Quando è posata sono visibili i lunghi tarsi.

♂ = ♀

▶ Dove osservarla

È stanziale in tutto il Paese. Vive in una grande varietà di ambienti con esclusione dell'alta montagna. Preferisce le zone aperte, con posatoi elevati (pali, muri, alberi) sui quali si apposta per scrutare il terreno circostante e ascoltare i rumori prodotti dalle prede. Vive anche nelle città, occupando vecchi fabbricati e antichi bastioni.

▶ Riproduzione

Depone le uova in una piccola cavità senza foderarla di materiale. Le uova sono covate esclusivamente dalla femmina per circa un mese. I pulli nascono inetti e s'involano dopo una trentina di giorni.

Giovane di civetta.

Se vi sedete sul tetto di casa, sul far della sera, in primavera potrete ascoltare e vedere le civette. Emettono i loro richiami accompagnandoli con movimenti della testa per attrarre i loro simili.

Hirundo rustica
RONDINE
FAMIGLIA IRUNDINIDI

♂ = ♀

▶ Dove osservarla

È una delle specie più conosciute. Nidifica in tutto il Paese. Il sesso di questa specie è determinabile misurando la lunghezza delle penne della coda e delle loro macchie bianche.

Rondini in sosta sui fili della corrente elettrica.

È in declino numerico. Cibandosi di insetti risente particolarmente dell'impiego di sostanze velenose in agricoltura. Un ruolo non indifferente nella diminuzione di questa specie è rivestito anche dalla caccia praticata dalle popolazioni che vivono nelle zone centro-africane di svernamento, oltre che dalla distruzione dei nidi nei cortili dei fabbricati urbani, effettuata da insensibili proprietari per pretesi motivi igienici.

▶ Riproduzione

Il nido è formato da fanghiglia mista a materiale vegetale impastati con saliva. Viene occupato ogni anno dalla stessa coppia. Le colonie sono più numerose nelle stalle tradizionali, occupate da animali che attirano mosche e altri insetti appetiti dalla rondine.
Vengono deposte due, spesso tre, covate. Le uova sono incubate dalla femmina per 14-16 giorni. I pulli nascono inetti e s'involano circa 20 giorni dopo la schiusa, tornando nel nido a dormire nei giorni successivi all'involo. Vengono nutriti da entrambi i genitori.

La rondine è forse stato il primo uccello di cui si è studiato il comportamento migratorio.

La RONDINE MONTANA (*Ptyonoprogne rupestris*) ha coda più corta e meno forcuta della rondine. Il colore è bruno chiaro. Nidifica sotto sporgenze in pareti rocciose, tetti di edifici e ponti, a qualunque altitudine preferibilmente nelle vicinanze dell'acqua. Sverna principalmente in Africa e nel Sud Italia, con localizzate popolazioni sedentarie anche nelle regioni settentrionali. Il nido è simile a quello della rondine. Maschio e femmina sono simili. Si ciba di insetti.

Da metà luglio a metà ottobre l'Italia è interessata da un flusso migratorio di rondini provenienti dal Nord Europa. L'*Istituto nazionale per la fauna selvatica* sta svolgendo una ricerca, con catture nei dormitori notturni, tesa a raccogliere preziose informazioni sul comportamento migratorio di questa specie. In questi dormitori, che si formano sul far della sera nei canneti delle zone umide, si radunano a migliaia le rondini in viaggio per l'Africa, dando vita a un incredibile spettacolo della natura. È auspicabile che questi ambienti in futuro vengano posti sotto tutela considerata l'importanza che rivestono come luogo di sosta e riposo per questa specie.

Piccoli di rondine montana vengono nutriti dal genitore.

Lanius collurio ("Macellaio" dal latino - "averla" nome greco della specie)

AVERLA PICCOLA

FAMIGLIA LANIDI

♂ ≠ ♀

Femmina di averla piccola.

Il maschio presenta una maschera nera attorno all'occhio, meno sviluppata rispetto alle altre specie di averla; il vertice, la nuca e il groppone sono di un bel colore grigio, le ali rossicce. La femmina ha colorazione più smorta: il petto chiaro con macchie semicircolari scure e il dorso marrone.

► Dove osservarla

Specie in forte calo numerico, nidifica in tutta Italia, esclusa la Sicilia ove è soppiantata dall'averla capirossa. Sverna a sud del Sahara. Gli adulti rimangono nel nostro Paese solo i 3-4 mesi necessari alla riproduzione (da maggio ad agosto).
Ama frequentare le aree aperte inframmezzate da cespugli e siepi fino a quote elevate. Questo tipo di ambiente è stato molto ridotto in pianura dalla moderna pratica agricola. Come tutte le specie a dieta prevalentemente insettivora ha sofferto dell'uso di pesticidi in agricoltura.

Dall'alto di un posatoio balza sulle prede, o le cattura in volo.

Questa specie ha la macabra abitudine, come ricorda il nome scientifico, di infilzare le prede negli aculei di piante spinose e dei fili spinati. Lo scopo di questo comportamento non è chiaro. Si può comunque pensare che tali magazzini abbiano una doppia funzione: di delimitare il territorio di caccia e di servire da riserva di cibo per prolungati periodi di brutto tempo.

▶ Riproduzione

Il nido è una coppa di rametti e muschio, nascosta in un cespuglio spinoso. L'averla piccola depone una sola covata all'anno. Cova quasi esclusivamente la femmina mentre il maschio fornisce il cibo. L'incubazione delle uova dura 15 giorni circa. I pulcini vengono nutriti da entrambi i genitori e abbandonano il nido dopo 13-16 giorni.

L'AVERLA CAPIROSSA (*Lanius senator*) è meno abbondante dell'averla piccola ma più diffusa vicino alle coste meridionali e sulle Isole. È di dimensioni maggiori. È presente nel nostro Paese da aprile a luglio. Sverna in Africa tropicale. Frequenta ambienti termofili, come la macchia mediterranea e campagne con alberi ben spaziati e siepi. Maschio e femmina sono facilmente distinguibili. Si ciba di insetti, lucertole, rane, piccoli uccelli e roditori.

Maschio di averla capirossa. La femmina ha colori meno brillanti.

Il cardellino è presente in diversi tipi di ambienti, anche particolarmente antropizzati.

Il CARDELLINO (*Carduelis carduelis*) è facilmente riconoscibile per il capo diviso in tre bande, colorate di rosso, bianco e nero e per la banda alare gialla. È specie stanziale. In autunno e inverno popolazioni del Nord Europa giungono in Italia per trascorrervi l'inverno. Raggiunge la massima abbondanza nelle campagne dove nidifica in piccole colonie all'interno di siepi e frutteti. Frequenta una grande varietà di ambienti, dal mare all'alta montagna. Talvolta può essere predato anche dalle averle. Si sposta in piccoli gruppi i cui individui si mantengono in contatto con continui richiami. Maschio e femmina sono simili. Si nutre prevalentemente di semi di cardo, ma anche di quelli di altre piante, e di insetti.

Sylvia melanocephala (Silvia - dalla testa nera)
OCCHIOCOTTO

FAMIGLIA SILVIDI

♂ ≠ ♀

La femmina ha cappuccio meno evidente del maschio, di colore grigio opaco, e corpo bruno. Il giovane è simile alla femmina.

Specie stanziale in gran parte d'Italia e apparentemente in fase d'espansione.

▶ Dove osservarlo

Frequenta pinete degradate, la macchia mediterranea, oliveti e siepi. Parte della popolazione migra in Africa per passarvi l'inverno. Nonostante sia amante dei climi caldi, è rinvenibile anche in zone termofile interne del Settentrione.

È difficile individuarlo, poiché si mantiene spesso nel folto della vegetazione. Più facile è sentirne il canto o il verso d'allarme.

Il maschio adulto ha un cappuccio nero che copre il capo fin sotto l'orecchio; l'occhio è circondato da un anello rosso. Il resto del corpo è grigiastro e la coda ha le timoniere esterne macchiate di bianco.

▶ Riproduzione

Il nido è costruito da entrambi i partner. È una piccola coppa di pagliuzze nascosta tra i rami di un cespuglio. Le uova sono covate sia dal maschio sia dalla femmina per 13-14 giorni. I pulli nascono inetti e lasciano il nido 12 giorni circa dopo la schiusa.

Lo ZIGOLO GIALLO (*Emberiza citrinella*) non è specie molto comune. Può essere osservato in zone piuttosto aperte intervallate da siepi e piccoli nuclei di alberi. Al di fuori del periodo riproduttivo forma piccoli branchi. Il canto è ripetitivo e, una volta uditolo, è facile da ricordare. Nidifica anche ad altitudini piuttosto elevate.
Maschio e femmina sono facilmente distinguibili. Si ciba di semi, insetti, ragni e lombrichi.

Maschio di zigolo giallo in canto.

Dal comportamento elusivo, la sterpazzolina vive nel folto della vegetazione.

La sterpazzolina in genere effettua due deposizioni all'anno. 16,5×12,9 mm

La STERPAZZOLINA (*Sylvia cantillans*), dal canto melodioso, vive nel folto di siepi e cespugli, in zone selvagge dal livello del mare fino alle pendici montane.
Nidifica in tutta Italia con esclusione delle aree montuose a nord della Pianura Padana. Parte della popolazione rimane negli stessi territori anche in inverno, compiendo piccoli spostamenti alla ricerca di aree più ospitali; il grosso invece migra in Africa, a sud del Sahara. La siccità che colpisce periodicamente tale area ne limita pesantemente i contingenti.
Maschio e femmina sono distinguibili soltanto a un occhio esperto. Si ciba di coleotteri, larve, insetti e ragni.

BOSCHI DI COLLINA

I versanti delle colline più esposti al sole ospitano boschi di **roverella** associata ad acero campestre, olmo, sorbo, ginepro e ligustro. In questi boschi è facile osservare l'upupa, il cuculo e il rigogolo.

I versanti più freschi sono invece coperti da boschi di **carpino bianco** e **rovere** popolati da capinere, pettirossi e fringuelli.

Nei versanti un tempo coltivati spesso vi sono filari di **meli** e **peri semiselvatici** sotto i quali d'inverno le cesene, gli storni e i merli trovano prezioso nutrimento.

Salendo a quote maggiori troviamo boschi di **castagno**, spesso caratterizzati da un sot-

tobosco di felci. Sono molto interessanti da un punto di vista ornitologico per la presenza di picchi, rapaci notturni, e piccoli passeriformi come le cince e i codibugnoli.

Il castagno è uno dei principali componenti della flora italiana. Forma boschi puri o in associazione con carpino e roverella.

1 regolo	11 picchio verde
2 fiorrancino	12 picchio muratore
3 cinciarella	13 merlo
4 capinera	14 pettirosso
5 cinciallegra	15 scricciolo
6 luì piccolo	16 storno
7 tordo bottaccio	17 upupa
8 fringuello	18 cuculo
9 rigogolo	19 codibugnolo
10 allocco	

Erithacus rubecula

PETTIROSSO

FAMIGLIA TURDIDI

♂ = ♀

L'adulto ha un'evidente macchia arancione che va dal petto fino alla fronte. I giovani assumono un abito praticamente identico a quello degli adulti soltanto con la muta di fine estate; in precedenza hanno il tipico piumaggio bruno macchiettato simile a quello dei giovani di usignolo e di codirosso.

 Si ciba anche di bacche.

▶ Dove osservarlo

La densità di questo piccolo uccello è massima nei boschi misti di collina, umidi e ombrosi, con radure e scarso sottobosco. È sedentario in tutto il Paese. Compie spostamenti altitudinali durante l'inverno, alla ricerca di condizioni ambientali sopportabili. Popolazioni nordiche giungono in Italia in autunno e inverno, facendo aumentare notevolmente la possibilità di osservare questa specie.

Il pettirosso anche in inverno difende un territorio dalle intrusioni dei suoi simili e di altre specie.
Non è raro, andando a funghi nei boschi, essere seguiti a poca distanza da un pettirosso pronto a frugare tra le foglie appena smosse per trovare qualche insetto.

▶ Riproduzione

Il nido è costruito solo dalla femmina a poca altezza da terra. Spesso in una cavità o tra i rami di un arbusto. L'incubazione dura 12-15 giorni ed è a carico della femmina che viene nutrita dal maschio.
I pulli vengono allevati da entrambi i genitori e si involano dopo 12-15 giorni dalla schiusa.

Il fringuello, che in genere ha comportamento gregario, durante il periodo riproduttivo; assume atteggiamenti territoriali.

Il FRINGUELLO (*Fringilla coelebs*), molto comune nei boschi montani e collinari, è facilmente osservabile anche nei parchi e giardini delle città. Il maschio, in periodo riproduttivo, è facilmente riconoscibile in quanto diventa visibile – a causa dell'abrasione delle punte delle penne del capo – il cappuccio grigio-azzurro. In primavera diviene molto canoro. Si ciba di semi, cereali, invertebrati.
Pur pesando quanto una cartuccia, è una delle prede più ambite dai cacciatori del Nordest del nostro Paese. La sua tutela è messa annualmente in discussione, ed è oggetto di aspre contese legali tra ambientalisti e mondo venatorio.

Il CUCULO (*Cuculus canorus*) non costruisce nidi né alleva la propria prole. La femmina si accoppia con più maschi (poliandria) e depone un uovo nel nido di un'altra specie, in genere eliminandone uno dei legittimi proprietari. Ciascuna femmina è specializzata a parassitare una particolare specie-ospite, producendo uova molto simili a quelle di tale specie (tranne nel caso della passera scopaiola). Alla schiusa e per 3-4 giorni, il pulcino di cuculo, sente lo stimolo di espellere dal nido le altre uova o i piccoli e, la maggior parte delle volte, resta solo e viene sfamato dai genitori adottivi che, pur notevolmente più piccoli, lo accudiscono fino a crescita completa.
Si ciba di insetti, ragni e molluschi.

Dendrocopos major ("Percuoti albero" dal greco - maggiore)

PICCHIO ROSSO MAGGIORE

FAMIGLIA PICIDI

♂ ≠ ♀

Gli adulti si distinguono dagli altri picchi rossi simili (dorsobianco e mezzano) per la contemporanea presenza di spalline bianche e vertice nero. Il giovane può essere facilmente confuso con quelli di pari età di picchio rosso mezzano.

Il picchio frequenta i boschi alla ricerca di piante malate ricche di insetti xilofagi, che preda scavando una serie di piccoli fori sul tronco, dopo averne auscultato la superficie con la sua lingua sensibile e leggeri colpi di becco. Si ciba anche di resina e di nidiacei di altre specie.

Molti animali approfittano dei rifugi costruiti dai picchi. Tra questi le cince, il ghiro, il picchio muratore e la civetta nana.

La femmina è priva della macchia rossa sulla nuca.

Un maschio all'ingresso del nido. Notate la macchia rossa sulla nuca.

▶ **Dove osservarlo**

Picchio piuttosto comune, che nidifica in tutte le aree alberate del Paese, dalla pianura all'alta montagna. Non è molto sociale ma talvolta si sposta alla ricerca di cibo tra le chiome degli alberi assieme a piccoli gruppi di cince.

► Riproduzione

Il nido è una cavità profonda una ventina di centimetri, con entrata di 4-5 cm di diametro, scavata su secconi di piante morte e schiantate piuttosto che su alberi vivi. Spesso vengono riutilizzati i nidi degli anni precedenti. Depone una sola covata a metà maggio. L'incubazione è effettuata soprattutto dalla femmina e dura una quindicina di giorni. I pulli sono inetti e accuditi da entrambi i genitori; lasciano il nido 20 giorni dopo la schiusa.

Il picchio rosso maggiore è uno dei picchi più silenziosi. La difesa del territorio e il richiamo delle femmine sono affidati prevalentemente a un canto cosiddetto "strumentale": colpendo un tronco cavo con una serie rapidissima di colpi di becco il picchio produce un caratteristico e sonoro "tambureggiamento", udibile a grande distanza.

I picchi sono dotati di una lingua di notevole lunghezza, cosparsa di un liquido appiccicoso, che insinuano nei fori scavati con il forte becco. La lingua è alloggiata in un'apposita cavità all'interno della calotta cranica.

Il PICCHIO VERDE (*Picus viridis*) è presente nei boschi a tutte le altitudini, ma nidifica più comunemente in quelli radi di collina (soprattutto castagneti), oppure nei pioppeti coltivati di pianura. Si nutre prevalentemente di formiche, ricercandole sui tronchi o depredandone direttamente i nidi. È più grande del picchio rosso maggiore e ha piumaggio giallo-verdastro molto caratteristico. Emette un forte richiamo simile a una fragorosa risata.
Maschio e femmina sono facilmente distinguibili. Si ciba di insetti e larve.

Il picchio verde è piuttosto comune nei castagneti.

Columba palumbus
COLOMBACCIO
FAMIGLIA COLUMBIDI

♂ = ♀

▶ Dove osservarlo

Nidificante e svernante in tutta Italia. Stormi numerosi attraversano i valichi montani durante il passo autunnale, subendo numerose perdite a opera dei cacciatori.

▶ Riproduzione

Nidifica nei boschi ad alto fusto a qualunque altitudine, costruendo un nido grossolano di dimensioni ridotte. È specie monogama. La riproduzione è preceduta da una cerimonia nuziale piuttosto elaborata e da canti emessi dal maschio dalla cima degli alberi. Depone solitamente 2 uova, covate da entrambi i genitori. Nei primi giorni di vita i pulcini sono nutriti – come avviene anche per le altre specie di columbiformi – con una sostanza detta "latte di piccione" secreta dal gozzo dei genitori. Le deposizioni possono essere 2-3 all'anno.

Nel maschio di cinciallegra la banda nera del petto si allarga all'altezza del ventre.

Si nutre ricercando sul terreno nelle radure dei boschi e nei campi semi e bacche, vermi e piccoli insetti, ghiande e faggiole. Possiede un gozzo molto capace, ove immagazzina notevoli quantità di cibo che consuma durante la notte.

La CINCIALLEGRA (*Parus major*) è la cincia di maggiori dimensioni, subito riconoscibile per l'evidente striscia nera che le attraversa longitudinalmente il petto giallastro. Il maschio differisce dalla femmina per la maggiore lunghezza e larghezza di tale striscia, e per altre caratteristiche del piumaggio impercettibili in natura. Si ciba di insetti, larve e semi.

Strix aluco (Gufo che strilla - allocco)

ALLOCCO

FAMIGLIA STRIGIDI

Rapace notturno piuttosto comune in tutta Italia come nidificante e stanziale con esclusione della Sardegna.
Ha testa robusta priva dei ciuffi auricolari. Iride scura. La colorazione del piumaggio è mimetica e può assumere diverse fasi, cioè diverse tonalità, che variano dal grigiastro al rossiccio.

♂ = ♀

  Preda piccoli roditori, micromammiferi insettivori, donnole e rane, tuffandosi su di loro dall'alto di un posatoio o catturandoli dopo un volo planato. Inizia a cacciare subito dopo il tramonto.

▶ Dove osservarlo

Vive nei boschi maturi, dalla pianura all'alta montagna con massima densità in collina.

▶ Riproduzione

Non costruisce veri nidi ma depone le uova in cavità nelle pareti rocciose nascoste da rampicanti o in vecchi tronchi. Utilizza anche nidi abbandonati di corvidi. Le uova sono incubate solo dalla femmina per un mese circa. Il loro numero varia in funzione dell'abbondanza di prede. I pulli sono imbeccati dalla madre che viene fornita di cibo dal maschio. I giovani (fotografia a lato) lasciano il nido un mese abbondante dopo la schiusa, ma restano per lungo tempo ancora assieme ai genitori.

In pianura, dove i vecchi alberi sono ormai rari, la collocazione di nidi artificiali di adeguate dimensioni favorisce la conservazione di questa specie utile per il controllo delle popolazioni di roditori.

Turdus merula

MERLO

F̲AMIGLIA TURDIDI

I maschi in lotta per la conquista di una femmina, con le ali semi aperte e il piumaggio gonfio, sono visibili a fine inverno anche nei giardini pubblici delle città.

♂ ≠ ♀

Una delle specie stanziali più diffuse e conosciute nel nostro Paese. In autunno i suoi contingenti aumentano per lo spostamento a sud di popolazioni settentrionali, e soprattutto orientali, appartenenti alla sottospecie *aterrimus* che ha piume sul petto leggermente venate di grigio. Il maschio è completamente nero, con ali marrone scuro nel periodo riproduttivo. Da metà febbraio a luglio il becco giallo del maschio assume un colore più intenso.

Bacche in autunno, insetti in primavera, frutta.

La femmina (sotto) ha piumaggio marrone scuro, tinto nelle parti superiori di color oliva. Il giovane maschio in autunno può essere confuso in natura con una femmina ma non presenta le sue tonalità olivastre.

▶ Riproduzione

Il merlo nidifica anche nelle foreste montane, pur raggiungendo la massima densità nei boschi di collina, nelle campagne e nelle città. Nidifica nelle siepi e sugli alberi, costruendo una coppa di erbe e rametti. Depone solitamente tre covate per stagione riproduttiva costruendo ogni volta il nido ad altezze superiori. Le uova sono covate dalla femmina per 12-17 giorni. I pulli nascono inetti e vengono allevati da entrambi i genitori. S'involano dopo 2 settimane.

29,5×21,5

Il RIGOGOLO (*Oriolus oriolus*) è presente in Italia (a esclusione della Sardegna) da fine aprile a fine luglio. Il maschio ha colore giallo intenso con ali nere; il becco è rosso vinaccia. La sua presenza è tradita soprattutto dal canto molto caratteristico, melodico e flautato. In genere, infatti, in periodo riproduttivo frequenta i boschi fitti di collina e i pioppeti in pianura, restando nascosto tra il fogliame. Le coppie sono fedeli negli anni al sito ove costruiscono il nido. Maschio e femmina sono facilmente distinguibili. Si ciba di insetti e ragni.

Maschio (a sinistra) e femmina di rigogolo al nido.

La CINCIARELLA (*Parus caeruleus*) è una specie sedentaria, comune in tutto il Paese. In periodo riproduttivo frequenta prevalentemente boschi di latifoglie e siepi a quote non elevate. Nel resto dell'anno è contattabile praticamente in tutti gli ambienti, anche a quote elevate, e forma piccoli gruppi che setacciano i boschi e i canneti alla ricerca di insetti.
Si aggira rapidamente tra i rami degli alberi, spesso dondolando a testa in giù, alla ricerca di larve di insetti. Frequenta volentieri le mangiatoie piazzate nei parchi urbani, ove nella gerarchia di beccata è dominata dalla cinciallegra. Si cibano inoltre di frutti e semi.
La differenza tra il maschio e la femmina non è molto evidente in natura.

Con facilità la cinciarella utilizza per la deposizione le cassette-nido.

FORESTE ALPINE

Al di sopra dei 900 m di quota la vegetazione dell'area alpina è rappresentata da **fagge-te pure**, che a quote maggiori vengono rimpiazzate da foreste di **conifere** (abete bianco, abete rosso e larice). In questi boschi si può osservare anche il maggiociondolo, dai bellissimi grappoli di fiori gialli, l'acero montano e il frassino maggiore. Meno comuni sono il tasso e l'agrifoglio, dalle foglie sempreverdi. Nel sottobo-sco troviamo piante di lampone, fragola selvatica e mirtillo nero, che offrono prezioso nutrimento a molte specie di uccelli.

Le **foreste miste** di conifere e faggio ospitano un'avifauna molto interessante e più diversificata di quella presente nelle foreste monospecifiche.

Una fustaia di abete rosso: ambiente ideale per picchi, civette capogrosso e sparvieri.

A fronte: sulla sinistra, in primo piano, un ramo di larice sopra a un pino mugo. Sullo sfondo abeti rossi, più scuri, e abeti bianchi con foglie più chiare e cima meno appuntita.

1 crociere	10 rampichino alpestre
2 nocciolaia	11 fagiano di monte
3 astore	12 scricciolo
4 civetta nana	13 gufo comune
5 civetta capogrosso	14 regolo
6 ciuffolotto	15 picchio nero
7 cincia bigia alpestre	16 cincia dal ciuffo
8 francolino di monte	17 cincia mora
9 allocco degli Urali	

Aegolius funereus (Gufo, uccello di cattivo auspicio - funereo)

CIVETTA CAPOGROSSO

FAMIGLIA STRIGIDI

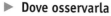

Simile a una civetta comune, ma con testa più massiccia e dimensioni leggermente maggiori. Difficilmente le due specie frequentano lo stesso ambiente. Ha occhio con iride di colore giallo intenso.

▶ Dove osservarla

Frequenta le foreste alpine di conifere pure o miste con altre essenze. È possibile udirne il canto, anche di giorno, fino a 2 km di distanza.

▶ Riproduzione

Sfrutta i nidi scavati dal picchio nero e da altri picidi. In un caso è stata notata una serrata lotta incruenta tra il picchio nero e la civetta capogrosso per il possesso di una cavità, con conseguente distruzione delle uova della soccombente civetta.

Giovane di civetta capogrosso.

Non depone materiale sul fondo del nido che si copre lentamente di resti di roditori, penne di uccelli e feci, la cui putrefazione rende all'interno l'aria irrespirabile. Depone da 3 a 8 uova, a intervalli di 2 giorni; il numero varia in relazione alla quantità di cibo offerta dall'ambiente. La cova è effettuata solo dalla femmina e dura circa un mese. La schiusa è asincrona. Il maschio procaccia il cibo alla femmina in cova. Sembra esistano casi di bigamia. I giovani sono coperti dalla madre per tre settimane e lasciano il nido tra i 25 e i 35 giorni.

Se un adulto viene disturbato all'interno di una cavità, si difende posandosi col dorso sul fondo, così da accogliere l'intruso con gli artigli, e facendo schioccare rumorosamente il becco.

La CIVETTA NANA (*Glaucidium passerinum*) è di dimensioni inferiori a una civetta comune, con piumaggio piuttosto scuro. Ha canto simile al ciuffolotto, dal tono acuto, lanciato a brevi e regolari intervalli, soprattutto al tramonto. È una specie piuttosto rara e dal comportamento riservato, che vive nella zona centrorientale dell'arco alpino.
Maschio e femmina sono simili. Preda, anche durante il giorno, micromammiferi (topi campagnoli, toporagni) e piccoli uccelli, che nei periodi di abbondanza nasconde in appositi "magazzini".

La civetta nana è il più piccolo rapace notturno europeo.

La civetta capogrosso può essere predata dall'ASTORE (*Accipiter gentilis*), grande rapace diurno, molto abile nel volo. L'astore caccia restando immobile su un posatoio e lanciandosi all'improvviso sull'ignara vittima, inseguendola se sfugge alla prima aggressione.
È specie sedentaria, che frequenta le foreste montane non troppo fitte e le radure. È distintamente più grande di uno sparviero. Maschio e femmina sono simili. Si ciba di scoiattoli, giovani lepri, colombacci, storni, cornacchie, sparvieri, gheppi, civette, gufi comuni.

Il maschio di astore ha dimensioni inferiori rispetto alla femmina.

Asio otus ("Gufo con cornetti", citato da Plinio)

GUFO COMUNE

FAMIGLIA STRIGIDI

♂ = ♀

Gufo di dimensioni medie; notevolmente più piccolo di un gufo reale ma più grande di una civetta. Ha ciuffi auricolari ben visibili, la cui posizione è influenzata dallo stato emotivo dell'animale. Iride giallo arancio. Presenta varie fasi di piumaggio.

Se minacciato sul terreno, il gufo assume un atteggiamento terrifico allargando le ali, gonfiando il piumaggio ed emettendo soffi.

In basso: una femmina su un nido posto a terra.

▶ Dove osservarlo

Rapace notturno che vive ai margini dei boschi, ove questi si diradano e s'incontrano con estese radure. Non vive esclusivamente nelle foreste di conifere. Nidifica in tutta Italia, più abbondantemente al Centronord, con esclusione della Sardegna (ove è presente solo in inverno). Compie erratismi notevoli, non ancora del tutto compresi. La sua abbondanza – come quella di tutti i rapaci notturni – è strettamente correlata all'andamento fluttuante delle popolazioni dei roditori. Caccia con volo planato a bassa quota o con appostamenti su posatoi.

Le cosiddette operazioni di controllo a danno dei corvidi – ritenuti nocivi dall'imperante filosofia gestionale faunistica – con uccisione degli individui di tali specie in cova nei nidi, ha danneggiato non poco questo rapace notturno, spesso abbattuto per errore all'interno dei nidi delle cornacchie. Il canto è un «... uhu...» molto più breve di quello prodotto dal gufo reale, emesso a intervalli brevi e regolari.

Durante il giorno staziona sugli alberi addossandosi al tronco e passando inosservato grazie alla sua immobilità e al piumaggio mimetico.

In inverno forma gruppi numerosi che riposano nello stesso dormitorio all'interno di boschetti, anche radi, o nei parchi cittadini. Sotto questi dormitori si accumulano le borre contenenti i residui indigeriti delle prede.

▶ Riproduzione

Nidifica solitamente nei vecchi nidi di corvidi sulla chioma degli alberi. Anche nei pioppeti coltivati in pianura. Sono state riscontrate nidificazioni sul terreno. Le uova sono covate dalla femmina. La schiusa è asincrona e avviene dopo un mese scarso dalla deposizione. I pulli quindi presentano diverse dimensioni e lasciano il nido 20 giorni dopo la schiusa, ancora incapaci di volare, restando spesso appollaiati sui rami vicini al nido.

L'allocco degli Urali durante il giorno resta appollaiato su un ramo addossandosi al tronco.

L'ALLOCCO DEGLI URALI (*Strix uralensis*) è simile all'allocco ma si distingue per la coda più lunga e il piumaggio solitamente grigiastro con strie sul petto nerastre. Compare in Italia, abbastanza frequentemente, nelle foreste di confine del Friuli. Maschio e femmina sono simili. Rispetto all'allocco preda roditori di dimensioni maggiori.

FATTE E BORRE

Utilizzando le feci – o fatte – deposte su un vecchio tronco da un picchio, si possono individuare, con l'aiuto di un buon manuale di riconoscimento o di un amico entomologo, gli insetti predati da questa specie.

Anche attraverso l'analisi del contenuto dei rigetti – borre – prodotti da rapaci notturni e diurni, aironi, martin pescatori e altre specie, si possono ricavare informazioni utili allo studio di una determinata specie. È infatti possibile determinare, anche se parzialmente, la dieta alimentare di questi animali.

Certhia familiaris

RAMPICHINO ALPESTRE

FAMIGLIA CERTIDI

♂ = ♀

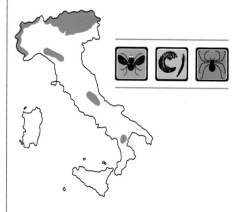

Specie sedentaria, compie spostamenti altitudinali nella cattiva stagione, intruppandosi con gruppi di cince.

Non sempre è possibile distinguerlo in natura dal congenere **rampichino** (*Certhia brachydactyla*) anche perché spesso, nei luoghi di sovrapposizione degli areali, si trovano individui ibridi con caratteristiche intermedie. Il rampichino alpestre ha piumaggio di colore più contrastato con sopracciglio meglio delineato.

▶ Dove osservarlo

Predilige le foreste mature di conifere fino a quote elevate. È possibile osservarlo mentre si arrampica sui tronchi degli alberi, perlustrandone attentamente la corteccia alla ricerca degli insetti che cattura col suo lungo becco. Terminata la perlustrazione di un tronco, con un piccolo volo ondulato si sposta su un altro albero ricominciando la ricerca. Emette un canto sibilato di debole intensità, che inizia lentamente e viene accelerato alla fine della strofa.

▶ Riproduzione

Il nido è costruito da entrambi i sessi. È una piccola coppa di rametti e muschio incastrata sotto la corteccia di un albero morente o tra i rami di una catasta di legna. Nidifica anche sotto i tetti o nei piccoli anfratti nei muri di fabbricati in rovina ai margini dei boschi. Le uova sono covate dalla femmina per 15 giorni circa. I pulli sono inetti e si involano una quindicina di giorni dopo la schiusa.

Un nido di rampichino alpestre incastrato sotto la corteccia di una conifera.

Un crociere intento a estrarre semi da una pigna.

Tipico abitante delle foreste di conifere, il CROCIERE (*Loxia curvirostra*) è un fringillide specializzato nell'estrarre i semi dalle pigne di questi alberi, grazie al particolare becco dalle punte incrociate sul piano verticale. Si sposta in piccoli gruppi, i cui membri si mantengono in contatto con continui richiami. Può nidificare in qualunque periodo dell'anno, in concomitanza con la maturazione delle pigne delle diverse specie di conifere.

È specie erratica, che compie spostamenti di massa da una zona all'altra del suo areale alla ricerca delle zone più ricche di cibo. Maschio e femmina sono distinguibili. Si ciba di semi.

Parus ater (Cincia - nera)

CINCIA MORA

FAMIGLIA PARIDI

♂ = ♀

Di dimensioni più modeste della cinciallegra. Ha testa simile a quest'ultima, con un'evidente macchia bianca sulla nuca.

A lato: *un adulto di cincia mora con imbeccata e, sotto, un giovane appena involato.*

▶ Dove osservarlo

In periodo riproduttivo è piuttosto comune nelle foreste di conifere, fino a quote elevate.
È specie sedentaria che in inverno compie spostamenti altitudinali alla ricerca di cibo, giungendo nei boschi collinari e nei parchi e giardini urbani.

  Preda prevalentemente piccoli insetti (afidi) e semi. Durante la buona stagione costituisce piccoli magazzini di cibo che sfrutta in inverno in caso di scarsità di cibo.

▶ Riproduzione

La riproduzione viene preceduta da una sostenuta attività canora, con i maschi che cantano dalle cime degli alberi. Il nido è costituito da una piccola coppa di muschio e peli, nascosta in piccoli fori negli alberi o in fessure nei muri delle malghe. Le uova sono covate solo dalla femmina per 15 giorni circa. I giovani, allevati per 15-20 giorni da entrambi i genitori, lasciano il nido ancora incapaci di volare. Al di fuori del periodo riproduttivo forma piccoli stormi misti con regoli e altre cince.

Una cincia bigia alpestre ricerca piccoli insetti tra i rami di un larice.

La CINCIA BIGIA ALPESTRE (*Parus montanus*) frequenta le aree selvagge delle foreste ad alta quota, con alberi morenti dal legno marcescente nel quale la femmina scava una piccola cavità come nido. Spesso è difficilmente distinguibile in natura dalla **cincia bigia** (*Parus palustris*), che frequenta però boschi prevalentemente di latifoglie a quote inferiori.
Maschio e femmina sono simili. Si ciba di insetti e semi.

La cincia dal ciuffo è l'unica cincia a essere caratterizzata da un'evidente cresta sul capo.

La CINCIA DAL CIUFFO (*Parus cristatus*) è specie sedentaria, diffusa in tutte le foreste di conifere dell'arco alpino, ma non è molto comune. Ha un notevole ciuffo bianco e nero sulla testa che permette di identificarla immediatamente. È la femmina che si occupa della costruzione del nido all'interno di cavità preesistenti, o scavate nel legno marcio di alberi morti. Il maschio partecipa allo sforzo riproduttivo nutrendo la femmina che cova e i piccoli dopo la schiusa. Anche questa cincia forma gruppi misti con altre specie fuori dal periodo riproduttivo.
Maschio e femmina sono simili. Si ciba di insetti, semi, larve.

Dryocopus martius (Taglia legna, dall'antico greco - marziale)

PICCHIO NERO

FAMIGLIA PICIDI

Il maschio ha piumaggio interamente nero con vertice di colore rosso vivo. Canta praticamente tutto l'anno emettendo un sonoro e lamentoso «... kliû...» dalle cime, o posato sul tronco, degli alberi che dominano vaste aree. Quando si sposta in volo emette un gracchiante «... kru-kru-kru...»

♂ ≠ ♀

▶ Dove osservarlo

È specie sedentaria presente nelle foreste dell'arco alpino e dell'Appennino centromeridionale.

Il picchio nero ha zampa zigodattila, cioè con 2 dita rivolte in avanti e 2 all'indietro.

▶ Riproduzione

La costruzione del nido inizia a metà febbraio e vi partecipano entrambi i sessi. L'uccello scava nel legno, restando appeso al tronco con le zampe dotate di robuste unghie e poggiando con la coda dalle penne rigide. Può rioccupare vecchi nidi liberandoli dai residui della riproduzione di altre specie. La cavità ha una profondità di 35 cm e un foro d'ingresso di 10 cm di diametro. Negli anni successivi

IL CAPANNO
NEL BOSCO

I picchi sono uccelli che soffrono particolarmente il disturbo provocato dalla presenza umana. Pertanto, se desiderate seguire la nidificazione di questi animali e osservare gli adulti mentre imbeccano tranquilli i giovani affacciati all'ingresso del nido, costruite un capanno a una ventina di metri dall'albero che li ospita, utilizzando rami e fogliame reperibili sul posto. Ideale sarebbe trovare un vecchio tronco abbattuto dietro al quale creare una struttura di rami di abete nella quale nascondervi. Date al capanno una forma il più possibile naturale, anche al fine di evitare di segnalare a persone malintenzionate la presenza del nido. In molti luoghi infatti i picchi vengono, dai proprietari dei boschi, giudicati animali dannosi per gli alberi mentre in effetti essi svolgono un'importante opera di controllo delle popolazioni di insetti xilofagi.

può costruire un secondo nido sullo stesso tronco. Gli alberi preferiti per lo scavo sono faggio, abete bianco, abete rosso. È fedele a una ristretta particella di bosco, spesso molto rado, dove può occupare, nel corso degli anni, diversi alberi. Le uova sono covate per 12-15 giorni da entrambi i sessi. Di notte è il maschio che resta nel nido. I giovani si affacciano all'ingresso tra il diciassettesimo e il ventesimo giorno, e s'involano una settimana dopo.

Una femmina imbecca i pulcini all'ingresso del nido. La macchia rossa è presente soltanto sulla nuca. Il sesso dei giovani è distinguibile dopo pochi giorni di vita.

Fori di cattura di larve di insetti xilofagi e di formiche rodi legno del genere Camponotus. Il picchio nero, picchiettando leggermente con il becco e passando sul tronco la sensibile lingua, sente la presenza di larve e formiche che poi estrae scavando con poderose beccate.

ZONE APERTE E ROCCIOSE

I pascoli alpini con affioramenti rocciosi sono territorio di caccia per le aquile reali e, talvolta, anche per i gufi reali. Nella vegetazione erbacea e tra i massi vi nidificano l'allodola, il prispolone, il culbianco, lo stiaccino e altri piccoli passeriformi. Negli anfratti delle pareti rocciose a picco nidifica l'aquila reale. Nelle forre invece si riproducono i gracchi alpini, animali molto sociali che formano

1 gruccione	11 fringuello alpino
2 stiaccino	12 codirossone
3 prispolone	13 capovaccaio
4 poiana	14 codirosso spazzacamino
5 nibbio bruno	15 culbianco
6 biancone	16 corvo imperiale
7 gracchio alpino	17 falco pellegrino
8 pernice bianca	18 gufo reale
9 piviere tortolino	19 aquila reale
10 allodola	

numerose colonie. Nelle zone rocciose a quote più elevate, in mezzo allo sfasciume di roccia e sui prati molto pendenti, fa il suo nido la pernice bianca.

Gli ambienti d'alta quota, seppur privi di vegetazione arborea, si rivelano habitat ideali per diverse specie di uccelli.

Buteo buteo

POIANA

FAMIGLIA ACCIPITRIDI

*Il colore del piumaggio
della poiana varia
da crema a bruno scuro.*

♂ = ♀

Ha sagoma massiccia.
Il piumaggio è molto
variabile; solitamente
presenta una pettori-
na biancastra. In volo
mantiene la punta
delle ali leggermente
rivolte all'insù. È uno
dei rapaci più comu-
ni in Italia.

Spesso viene attaccata in volo da gruppi di cornacchie o altre specie di uccelli. Tra questi, per esempio, il gabbiano comune compiendo su di essa picchiate, talvolta afferrandole le penne della
coda, la scaccia dal suo territorio per eliminare un possibile predatore e concorrente nella ricerca di cibo.
Durante la stagione venatoria è una delle specie che più spesso deve ricorrere alle cure dei centri di recupero per rapaci.

▶ Dove osservarla
Presente tutto l'anno sul territorio nazionale, dal livello
del mare a 1.700 m di altitudine.
Frequente nelle campagne. Nidifica sugli alberi di boschi
piuttosto fitti. In attività di caccia frequenta le zone aperte con posatoi, sui quali si apposta e scruta il terreno alla
ricerca di prede.

▶ Riproduzione
Il nido è una larga piattaforma di ramoscelli e rami, dall'interno imbottito con materiale vegetale e peli. Le uova vengono covate da entrambi i genitori. Dopo la nascita dei
pulcini il maschio si dedica esclusivamente all'approvvigio-
namento di cibo e la femmina sorveglia la prole inetta. I
giovani s'involano dopo quasi 2 mesi dalla schiusa.

Il BIANCONE (*Circaetus gallicus*) è un rapace di dimensioni maggiori della poiana. Ha due fasi di piumaggio: una chiara, nella quale la sagoma vista dal basso appare di colore biancastro omogeneo; una scura che presenta una fine barratura scura su petto e ali chiare, con gola scura e coda barrata. Sorvola in volo planato le praterie a qualunque altitudine e le zone rocciose con vegetazione a macchia mediterranea. Quando scorge una preda si arresta facendo lo "spirito santo". Depone un solo uovo per stagione riproduttiva. La scarsa prolificità e l'eccessiva specializzazione alimentare ne fanno una specie in costante pericolo di estinzione.

Maschio e femmina sono simili. Cattura prevalentemente serpenti, più raramente preda piccoli mammiferi e nidi di uccelli.

*La sagoma in volo
di un biancone.*

LIPU E WWF

Le sezioni locali di Lipu e WWF organizzano corsi di birdwatching, e piacevoli gite guidate, nelle più belle aree protette del nostro Paese. Gestiscono inoltre centri di recupero per rapaci nei quali gli uccelli feriti vengono curati fino al momento in cui riusciranno nuovamente a volare e a procurarsi il cibo da soli.

Il NIBBIO BRUNO (*Milvus migrans*) è un rapace facilmente riconoscibile in volo per la sagoma snella e la coda lunga e forcuta. È specie migratrice presente nel nostro Paese solo da aprile a settembre.
Sverna in Africa a sud del Sahara. Nidifica nei boschi a quote non elevate e perlustra le zone aperte alla ricerca di prede. Maschio e femmina sono simili. Cattura spesso pesci nei laghi; si ciba anche di rettili, carogne e rifiuti.

*Il nibbio bruno si ciba anche di carogne
che ricerca planando sulle distese aperte.*

Bubo bubo

GUFO REALE

FAMIGLIA STRIGIDI

È il più grande rapace notturno presente in Europa. È in grado di predare tutti gli altri rapaci, con esclusione dell'aquila reale. Ha sagoma massiccia e piumaggio mimetico. È lungo una settantina di centimetri. I ciuffi auricolari, in proporzione, sono meno sviluppati che nel gufo comune.

Il gufo reale si osserva preferibilmente in ambienti con pareti rocciose e ampi spazi aperti.

L'iride è di colore arancio-rosso. Il canto è un potente «... uhû...», con nota più lunga rispetto a quella del gufo comune, ripetuto a intervalli regolari.

▶ Dove osservarlo

È specie sedentaria, presente in tutta Italia esclusa la Sardegna. La coppia occupa un territorio molto ampio, la cui estensione varia in funzione della disponibilità alimentare. Frequenta vari ambienti, a qualunque altitudine. È più numeroso nelle vallate alpine e prealpine.

  Preda qualunque animale di dimensioni inferiori a un lupo. Spesso, mentre perlustra il suo territorio nel buio della notte, rimane vittima di collisioni con i cavi dell'alta tensione.

▶ Riproduzione

Depone le uova direttamente sul nudo terreno di un anfratto in una parete rocciosa inaccessibile, o in un vecchio nido di un rapace diurno. Può nidificare anche a terra o all'interno di agglomerati urbani. L'incubazione, effettuata dalla femmina, inizia subito dopo la deposizione del primo uovo e dura 34-36 giorni. I pulcini nel nido presentano un diverso grado di sviluppo e non tutti riescono a raggiungere la maturità. I giovani, che nei primi giorni di vita continuano a essere scaldati dalla madre, lasciano il nido non ancora in grado di volare tra la sesta e la decima settimana.

Una femmina di gufo reale in cova sul nido nascosto in una parete rocciosa.

In primavera è facile poter assistere alle acrobatiche esibizioni del corvo imperiale.

Il CORVO IMPERIALE (*Corvus corax*) ha piumaggio completamente nero con riflessi metallici ed è il più grande corvide presente in Europa. Specie sedentaria nel Centro e Nord Italia, compie migrazioni altitudinali, durante la cattiva stagione, abbandonando i terreni coperti da neve.

Molto abile a sfruttare le correnti ascensionali in volo planato, effettua spesso acrobazie aeree accompagnandole col suo verso, un rauco «… crou… crou…» e una vasta gamma di suoni. Come tutti i corvidi, insegue e attacca i rapaci che entrano nel suo territorio. Le coppie probabilmente si sciolgono solo con la morte di uno dei partner.

Maschio e femmina sono simili. Si ciba di carogne, uccelli, mammiferi e insetti.

Gyps fulvus ("Avvoltoio", in antico greco - biondastro)

GRIFONE

FAMIGLIA ACCIPITRIDI

Si nutre delle carogne di animali. La sua sopravvivenza dipende quindi dalla presenza di allevamenti allo stato brado.

È l'uccello più grande vivente in Europa. Ha un'apertura alare superiore ai 2,5 m, che gli permette di sfruttare abilmente le correnti ascensionali di aria calda in volo planato. Vista dal basso, la sagoma è chiaramente divisa in due colori: corpo e copritrici alari color giallo camoscio (color sabbia nel giovane) e remiganti e coda nerastre. La vista dall'alto rende più evidente questa differenza di colorazione.

Un capovaccaio si nutre assieme a dei grifoni.

▶ **Dove osservarlo**

Nidifica e sverna nella sola Sardegna, in zone rocciose dell'interno e della costa. È presente anche nella vicina Dalmazia.

♂ = ♀

Il CAPOVACCAIO (*Neophron percnopterus*) assume l'abito da adulto, totalmente bianco, solo al sesto anno di vita. È l'unico avvoltoio migratore presente nel nostro Paese e nidifica nel Centro-sud, con una popolazione che non supera le 100 unità. Sverna in Africa sudoccidentale. Maschio e femmina sono simili. Ha regime alimentare e comportamento riproduttivo simili al grifone.
Le popolazioni di grifone e capovaccaio sono in forte diminuzione a causa degli atti di bracconaggio, dell'abbandono dell'attività pastorizia e dell'antropizzazione degli habitat frequentati.

Il capovaccaio, come altri avvoltoi, ha testa priva di piume.

▶ Riproduzione

Il grifone nidifica in colonia. Le coppie restano unite per tutta la vita. Si riproduce solamente a partire dal quinto anno di età. I partner costruiscono una piattaforma di rami in un anfratto roccioso, ove la femmina depone un solo uovo. La cova è effettuata da entrambi i genitori. Il giovane si invola 4 mesi circa dopo la schiusa.

Il GRACCHIO ALPINO (*Pyrrhocorax graculus*) è un uccello molto sociale, che forma stormi di un centinaio di individui. Ha corpo interamente nero, becco giallo, zampe rosso aragosta. Emette un complesso di suoni più dolci di quelli tipici dei corvidi.
È un abilissimo volatore capace di dominare e sfruttare a proprio piacimento i forti venti di quota.
Nidifica negli anfratti delle pareti rocciose, nelle splughe, sulle cornici di roccia. Maschio e femmina sono simili. Si nutre di carogne e rifiuti, nidi, insetti e cereali.

Il piumaggio nero del gracchio alpino presenta riflessi bluastri e verdastri.

Lagopus mutus (Nome latino della specie - silenzioso)

PERNICE BIANCA

FAMIGLIA TETRAONIDI

Si nutre di mirtilli, rododendri, gemme di salici e ontani. In inverno scava gallerie nella neve per raggiungere la vegetazione sepolta.

♂ ≠ ♀

Il piumaggio invernale e quello nuziale presentano una notevolissima differenza: da metà novembre il piumaggio è completamente bianco, con timoniere nere nascoste dal sopraccoda bianco candido; in periodo riproduttivo le parti superiori sono bruno scuro nel maschio e grigio-marrone nella femmina. Il maschio ha caruncole di colore rosso vivo; nella femmina queste sono molto meno sviluppate e di colore arancio opaco. Le zampe sono totalmente coperte da piume.

Durante le tempeste di vento e neve scava buche poco profonde nelle quali si ripara. Se la nevicata è molto forte continua a muoversi per evitare di restare sepolta.

Pernice bianca in abito estivo e, sotto, con piumaggio invernale.

▶ Dove osservarla

Vive nelle zone più impervie delle Alpi, sotto il limite delle nevi perenni e al di sopra di quello vegetazionale. Ha sofferto del disturbo provocato in montagna dalla presenza di strade e impianti da sci che giungono fino a quote elevate. Le sue popolazioni sono in calo su tutto l'arco alpino.

▶ **Riproduzione**

In marzo si sciolgono i raggruppamenti invernali e si formano le coppie, che restano unite solo per una parte della stagione riproduttiva. Il nido è sistemato in una depressione del terreno foderata con erba e qualche piuma, ed è nascosto da un cespuglio o tra i sassi. Depone una sola covata dalla fine di maggio alla prima metà di giugno. Le uova, che schiudono agli inizi di luglio, vengono incubate solo dalla femmina per 24-26 giorni. Il maschio sorveglia il nido attraendo su di sé l'attenzione di eventuali intrusi. I pulcini sono nidifughi e si cibano da soli.

43,5×31 mm

Il piccolo FRINGUELLO ALPINO (*Montifringilla nivalis*) frequenta gli ambienti tipici della pernice bianca. Lo potrete vedere anche sui pascoli alpini o nei dintorni dei rifugi rovistare tra i rifiuti o avvicinarsi a voi in attesa di qualche briciola. In inverno può scendere anche a quote più basse. È presente anche sugli Appennini centrali.
Maschio e femmina sono distinguibili soltanto a un occhio esperto. Si ciba anche di bacche, gemme, insetti.

Nonostante il nome, il fringuello alpino appartiene alla stessa famiglia dei passeri.

Maschio di fagiano di monte.

Il maschio del FAGIANO DI MONTE (*Lyrurus* o *Tetrao tetrix*) è nero con riflessi metallici, sottocoda bianco candido e coda a forma di lira; al di sopra degli occhi ha caruncole di colore rosso vivo. La femmina ha piumaggio mimetico brunastro con barrature scure.
Frequenta le foreste di conifere nonché le zone, al di sopra del limite vegetazionale, coperte da ontano verde, rododendro, mirtilli, ginepri nani e pino mugo.
I maschi da metà marzo a fine maggio, poco prima della levata del sole, si radunano in particolari zone, alle quali restano fedeli per anni, dette "arene di canto", situate prevalentemente in pascoli abbandonati. Qui effettuano danze, canti e combattimenti per conquistare le porzioni più centrali dell'arena, nelle quali giungono le femmine che si accoppiano con i maschi predominanti e si allontanano subito dopo la copula. Si ciba di vegetali e di insetti.

Aquila chrysaetos (Aquila dorata, dal greco)
AQUILA REALE

FAMIGLIA ACCIPITRIDI

♂ = ♀

L'adulto ha piume dorate sulla nuca. Il giovane visto dal basso ha cospicue macchie bianche sulle ali e sulla coda, che negli anni successivi tendono a diventare sempre più piccole.

▶ Dove osservarla

È stanziale su tutto l'arco alpino, sugli Appennini e sulle montagne della Sicilia e della Sardegna. Soffre il disturbo causato da impianti di risalita e strade.

▶ Riproduzione

Le parate nuziali con acrobatici voli a festoni e picchiate, durante i quali i membri della coppia si afferrano con gli artigli per alcuni secondi, avvengono tra fine gennaio e marzo. Ogni coppia può avere nel suo territorio fino a 6 nidi, alternativamente utilizzati. A ogni nuova occupazione vengono portati nuovi rami sul nido, che può così raggiungere l'altezza di 1 m e la larghezza di 2 e 1/2. Alcuni vengono frequentati per decine di anni e tramandati di generazione in generazione.

Le coppie di aquile restano unite tutta la vita e hanno territori di alimentazione ampi fino a 150 kmq, i cui confini spesso si sovrappon-

 Caccia lanciandosi da un posatoio o più spesso sorvolando in coppia i pascoli e i dirupi rocciosi in volo planato. Avvistata la preda picchia silenziosa ghermendola alle spalle all'improvviso. Può catturare giovani di camoscio e capriolo (che artiglia sulle rocce facendoli precipitare nel vuoto e recuperandoli quando non sono più difesi dalla madre), ma caccia soprattutto marmotte, volpi, mustelidi, tetraonidi, corvidi, lepri e rapaci. Qualche individuo si specializza talvolta nella predazione di animali domestici.

gono con quelli di altre coppie senza che questo causi lotte territoriali. Il territorio di nidificazione è invece molto più ristretto, e in esso non sono ammessi altri simili. Il nido è piazzato in una cavità di una parete rocciosa a strapiombo (vedi fotografia in alto nella pagina a fronte), solitamente a una quota inferiore a quella del territorio di caccia per diminuire lo sforzo necessario per il trasporto delle prede al

È stata in passato oggetto di persecuzione a causa di stupide credenze popolari che la vedevano protagonista di rapimenti di bambini. È attivo tuttora un traffico clandestino di esemplari abbattuti illecitamente e avviati all'imbalsamazione abusiva.

nido. Vengono deposte in genere 2 sole uova, con un intervallo di 3-4 giorni l'una dall'altra. La femmina inizia a covare dopo la deposizione del primo uovo; il maschio le dà il cambio per brevi periodi.

La schiusa, asincrona, avviene dopo un mese e mezzo. Il pulcino più piccolo rimane quasi sempre vittima del "cainismo" e muore per denutrizione o ucciso dal fratello entro 15 giorni. Il giovane superstite si invola tra metà luglio e i primi di agosto. Si riprodurrà all'età di 4-5 anni. Le coppie di aquile non si riproducono tutti gli anni.

Il CODIROSSONE (*Monticola saxatilis*) è un uccello di notevole bellezza, grande quasi quanto un tordo. È presente in periodo riproduttivo con densità molto basse e popolazioni localizzate. Sverna nel Sahel, fascia meridionale della regione sahariana. Nidifica nelle zone rocciose disseminate di arbusti, costruendo il nido tra i massi o in fessure di muri a secco dal livello del mare fino a 2.500 m di quota.

Il maschio ha capo blu, ali nere, petto arancio e macchia bianca sul groppone; la femmina ha piumaggio mimetico. Si ciba di insetti, ragni, molluschi e bacche.

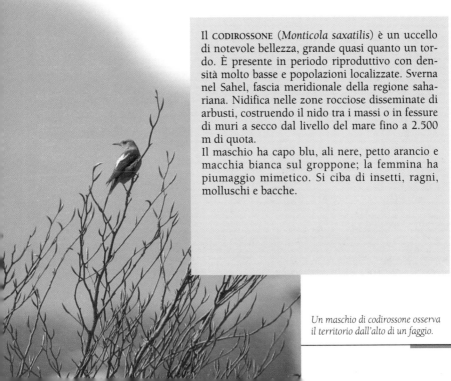

Un maschio di codirossone osserva il territorio dall'alto di un faggio.

GLOSSARIO

Abrasione, usura dei bordi e delle punte delle penne degli uccelli provocata dal continuo attrito tra le varie componenti della penna e dal contatto con l'aria e la vegetazione.

Asincrona (schiusa), situazione in cui le uova che compongono una covata si aprono in tempi diversi. I pulcini nel nido presentano così un diverso grado di sviluppo.

Avifauna, l'insieme degli uccelli viventi in una data area.

Biotopo, porzione geografica di ambiente che si presenta omogenea per caratteristiche fisiche e biologiche.

Borre, resti di cibo non digeriti, rigurgitati da un gran numero di specie di uccelli, che assumono solitamente forma cilindrica.

Bracconiere, persona che cattura animali in violazione delle leggi vigenti.

Brigata, gruppo di individui imparentati (appartenenti all'ordine dei galliformi) che resta coeso anche in periodo invernale.

Cainismo, situazione nella quale il più grande di due pulcini presenti in un nido uccide il più piccolo.

Caruncole, escrescenze carnose di colore rosso che sovrastano l'occhio in alcuni galliformi.

Cleptoparassitismo, sottrazione di cibo da parte di un uccello a un altro, chiamata anche "pirateria del cibo".

Copritrici, piccole penne che nascondono la base di quelle più grandi.

Covata, insieme delle uova deposte in un nido.

Criptica, che si mimetizza. Colorazione tipica di molte specie che nidificano sul terreno.

Disetaneo, in selvicoltura, di età diversa.

Distanza di fuga, distanza alla quale un animale, che vive libero in natura, accetta di farsi avvicinare prima di darsi alla fuga.

Eclissale, tipo di piumaggio assunto dai maschi di anatidi durante il periodo di muta autunnale.

Embrione, il prodotto del concepimento nel primo stadio del suo sviluppo.

Entomologia, branca della zoologia che si occupa della struttura, delle abitudini e della classificazione degli insetti.

Erratismo, movimento di modesta portata verso territori limitrofi compiuto da individui di specie sedentarie.

Fatta, sterco degli animali selvatici.

Forra, profonda gola con pareti verticali e vicine.

Garzaia, luogo ove nidifica un gruppo di ardeidi.

Golena, terreno pianeggiante, compreso tra il letto di magra e l'argine naturale di un fiume, che viene sommerso in caso di piena.

Gozzo, estensione dell'esofago, presente in alcune specie di uccelli, nella quale viene momentaneamente immagazzinato il cibo.

Inanellamento, applicazione di un anello metallico numerato alla zampa di un uccello selvatico catturato e poi liberato da studiosi, allo scopo di studiarne i vari aspetti biologici (comportamento migratorio, longevità ecc.).

Incubazione, riscaldamento dell'uovo da parte dell'uccello genitore che apporta il calore necessario allo sviluppo dell'embrione.

Ingluvie, sinonimo di gozzo.

Insettivoro, animale che si nutre prevalentemente di insetti.

LIPU, sigla della *Lega italiana per la protezione degli uccelli*.

Lanca, stagno che si forma in un'ansa di fiume abbandonata dalla corrente.

Limicoli, uccelli appartenenti a specie che

frequentano di preferenza i fondi melmosi.

Migratrice, specie che compie annualmente spostamenti dai territori di nidificazione verso i quartieri di svernamento. Il viaggio verso sud avviene in autunno mentre quello verso nord in primavera.

Mist-net, rete a maglia unica, montata su pali, utilizzata dagli inanellatori per catturare gli uccelli in modo incruento.

Muta, caduta naturale delle penne vecchie e consunte con successiva crescita delle penne nuove. Nella maggior parte delle specie avviene alla fine del periodo riproduttivo.

Nidicolo, pulcino che esce dall'uovo poco sviluppato e che rimane nel nido per un periodo nel quale dipende interamente dai genitori.

Nidifugo, pulcino che schiude in uno stato relativamente sviluppato e lascia il nido quasi subito.

Panico, improvviso e incontenibile tumulto in una colonia di uccelli.

Parata nuziale, insieme di comportamenti ritualizzati messi in atto da individui di sesso opposto della stessa specie, allo scopo di annullare la naturale reciproca aggressività e stimolare l'interesse sessuale.

Pedinata, tipico comportamento dei galliformi che in caso di pericolo camminano velocemente tra la vegetazione del suolo tenendo la testa bassa e tesa in avanti.

Playback, attrezzatura utilizzata da studiosi per riprodurre il canto di un uccello allo scopo di sollecitarne la risposta.

Posatoio, supporto utilizzato abitualmente da un uccello per trascorrervi il periodo di riposo o per lanciarsi sulle prede.

Postura, modo in cui un animale atteggia il corpo.

Prelievo venatorio, sinonimo di caccia.

Pullo, uccellino da nido.

Ripario o ripariale, che vive sulle rive.

Schiusa, il momento in cui il pulcino rompe il guscio dell'uovo nel quale è contenuto.

Sedentaria, specie legata per tutto il corso dell'anno a un determinato territorio.

Specchio alare, macchia colorata sull'ala di laridi e anatidi.

Spirito santo, particolare volo eseguito da alcune specie di uccelli che sfarfallando mantengono una posizione fissa in cielo, allo scopo di scrutare dall'alto il suolo alla ricerca di prede. L'uccello in questa posizione ricorda la sagoma di un crocefisso.

Stanziale *vedi* Sedentaria.

Svernante, specie migratrice che trascorre l'inverno in una data area, ritornando in primavera verso i territori di nidificazione posti più a nord.

Strumentale (suono), produzione di un richiamo che ha funzione di canto ma che è prodotto con mezzi diversi dalla voce (p.e. tambureggiamento).

Termofilo, organismo vegetale o animale che dimostra scarsa tolleranza al freddo.

Timoniere, penne della coda utilizzate dall'uccello per manovrare in volo.

Tuffatrici (anatre), si dice di specie di anatidi in grado di immergersi completamente nell'acqua alla ricerca di cibo.

Upending, immersione in acqua della parte anteriore del corpo con conseguente innalzamento della parte posteriore. Tale posizione è mantenuta col continuo movimento delle zampe palmate e permette alle anatre di superficie di raggiungere la vegetazione del fondo in acque poco profonde.

Vascolarizzato, si dice di organo provvisto di vasi sanguigni.

WWF, sigla del World Wildlife Fund, il *Fondo mondiale per la natura*.

Xilofago, che si nutre di legno.

I NUMERI IN NERETTO SI RIFERISCONO ALLE SCHEDE, QUELLI IN CORSIVO ALLE SPECIE INDICATE NEGLI SCHEMI DEI DIVERSI AMBIENTI, QUELLI IN TONDO ALLE CITAZIONI NEL TESTO.

Finito di stampare nel mese di settembre 1998
dalle Grafiche BUSTI S.r.l. - Colognola ai Colli (VR)
per conto della Casa Editrice DEMETRA S.r.l.